有效沟通，顺畅交流

申先菊 著

中国财富出版社

图书在版编目（CIP）数据

有效沟通，顺畅交流 / 申先菊著 .—北京：中国财富出版社 ,2019.12

ISBN 978-7-5047-7040-0

Ⅰ . ①有… Ⅱ . ①申… Ⅲ . ①人际关系—语言艺术—通俗读物 Ⅳ . ① C912.13-49

中国版本图书馆 CIP 数据核字 (2019) 第 257323 号

策划编辑 张彩霞　　**责任编辑** 齐惠民　宋江伟

责任印制 梁　凡　　**责任校对** 张营营　　**责任发行** 董　倩

出版发行 中国财富出版社

地　　址 北京市丰台区南四环西路188号5区20楼　**邮政编码** 100070

电　　话 010-52227588转2098（发行部）　010-52227588转321（总编室）

010-52227588转100（读者服务部）　010-52227588转305（质检部）

网　　址 http://www.cfpress.com.cn

经　　销 新华书店

印　　刷 河南瑞之光印刷股份有限公司

书　　号 ISBN 978-7-5047-7040-0/C・0224

开　　本 880mm×1230mm　1/32　　**版　　次** 2020年5月第1版

印　　张 8　　**印　　次** 2020年5月第1次印刷

字　　数 193千字　　**定　　价** 39.00元

前言

世界上最遥远的距离，不是生与死，而是我就站在你面前，却不知道能聊些什么。

见到生人，不知道说啥，好尴尬。

求职应聘，说完自我介绍，后面没词了，好难堪。

场面上，支支吾吾，面红耳赤，躲躲闪闪，登不上台面，好难为情。

给领导汇报工作，你说了半小时，领导来了句“你到底想说啥”，好没面子。

大家聊得好尽兴，你冷不丁插一句话，所有人都失去了谈话热情，好莫名其妙。

相亲时，工作时，求人办事时，有分歧时……

人人都会说话，怎样说才能让方方面面都满意，你知道吗？

古人云：“一言而兴邦，一言而丧邦。”又言：“一人之辩，重于九鼎之宝，三寸之舌，强于百万之师。”

本书就是一本指导你说话的工具书。

会说话是一门技能。苏秦以口才谋天下，身佩六国相印；诸葛亮“舌战群儒”，说服孙权抗击曹操；魏徵直言进谏，屡屡令唐太宗信服；周恩来机智妙答，震惊世界……古往今来，很多人都曾用自己的“三寸之舌”征服听众，赢得尊重，留名千古。

会说话更是一个人的软实力。在信息大爆炸的今天，每个人都不可避免地会接触大量信息，语言是信息传递最直接、最普遍的交流方式。会说话的人，谈判桌上能绝对制胜，有分歧也能让各方皆大欢喜。不会说话的人，虽有能力却无法有效表达，导致信息传递不畅，不但受挫于人际交往，而且影响个人形象和个人发展。

当你因为不会说话而陷入尴尬被动时，与其羡慕那些能说会道的人，不如学习他们的说话技巧。

当你因为不会说话而不敢与人过多交流时，与其感慨生活的沉闷无趣，不如多加练习说话这门技能。

当你因为不会说话而看了很多提高情商的书，结果一开口却仍然会“崩”时，与其烦躁、懊恼，不如马上行动起来，阅读本书。

至少，它会手把手地教你说话技巧，不让你输在不会说话上。

会说话不是天生的，好口才完全可以通过训练获得。本书从人们的现实需要出发，既有关于人际交往的说话技巧的介绍，又有大量关于古今中外好口才的成功案例的分析。理论指导实践，实践印证理论，生动而有趣，具有极强的应用性、技巧性和实战性，是您不可多得的说话指导书。

目录

第一章
巧打招呼，轻松推开与人交流的大门

第二章
善找话题，让沟通充满无限可能

第三章
所谓有效沟通，就是彼此都感到舒心

第七章

沟通有技巧，你得把话说到点子上

第八章

懂幽默，跟任何人都能畅快交流

第九章

要想沟通无障碍，就要懂得分寸

第十章
会求人，懂拒绝，跟谁都能顺畅交流

第十一章
提升说服力，有分歧也能皆大欢喜

第十二章
多点人情味，别人更愿意跟你交流

第一章

巧打招呼，轻松推开与人交流的大门

很多人与人打过招呼之后就没词了，只能“你问我答”，让沟通止步不前。事实上，只要说好开头几句话，就能迅速打开局面，使彼此进入融洽的语境。

▶ 第一句话说什么

一个宅男去相亲，他这是第一次相亲，很紧张，有点手足无措。看到女孩过来，他说：“你还好吧？”女孩感到莫名其妙，接下来的整个约会都显得很敷衍。最后，女孩告诉他说：“你很好，但我们不合适。”

当我们准备开始一场聊天时，有多少人只说了一句“Hi”就没词了，又有多少人说了一句“你好”就不知道接下来说什么了。

对于一场聊天来说，第一句话是打开对方心扉的钥匙。如果拿错了钥匙，又怎么能够开启对方的心灵，怎么打动人心呢？所以第一句话非常重要。如果是初次见面，第一句话还是留给别人的第一印象，完美的开场白可以引发后面的故事。

想要第一句话不出错，可以套用下面的句式。

1. 问候式

无论是陌生人还是熟人，问候是不可或缺的。一见面，最好在说第一句话的时候就将问候送出去，并注意区分对象、时间、场合等。

如看到与自己年龄相仿的，可以说：“你好，很高兴认识你！”或“张先生（女士），您好！”显得更亲切。如果对方是医生、老师等人群，可在问候时加上职业称谓，显得更尊重，如：“你好，张大夫！”如果对方是一位长者，可用“老人家好”以示敬意。

如果遇到节假日，问候时带上节日祝福会更好。如过年时见到人第一句话可说:“新年好！”如果是非节假日,可以带上时间信息，如“早上好”等，比单纯地说一句“你好”效果更佳。

2. 打招呼式

打招呼式主要用于熟人之间，是比“你好”更亲昵的问候语。中国人爱打招呼的习惯源远流长,因此也留下许多经典的打招呼语。

最经典的招呼语莫过于“吃了吗”。对方吃或没吃一点儿都不重要，这句话也不表示提问，而是表示“我看见你了，跟你打个招呼”，是见面开始交谈时的媒介语。如果碰见熟人不打招呼或装作没看见，这是很不礼貌的。

类似的招呼语还有“你在干吗呀”“你干什么去”“最近好吗”“最近忙吗”“在哪儿发财呀”等。这些招呼语的作用相当于“你好”。中国人都知道，你不是为了干涉别人的私事而提问，只是打个招呼而已，是接下来谈话的开场白。

3. 敬慕式

如果初次见到长辈或你很仰慕的人，为了表示敬重或仰慕，可以用这种句式，其他场合、其他对象一般不用。具体可这样说：“我早就听说你……，对你的 XX 敬佩不已，心想要是我认识你就好了，今日有缘结识，真是太高兴了！”当然，可根据你“早就听说……”的具体内容灵活变通。

需要注意的是，敬慕句式不能有吹捧的嫌疑，“久仰大名”“如雷贯耳”这样的词不要轻易用，更不能在对别人一无所知的情况下胡乱使用。

4. 攀认式

对于初次见到的人，为了拉近彼此之间的距离，第一句话用攀认句式可迅速在谈话者之间搭起桥梁。如鲁肃见到诸葛亮，他的第一句话便是：“吾，子瑜友也。”子瑜就是诸葛亮的哥哥诸葛瑾，鲁肃一句话就与诸葛亮搭上了关系，双方在很短时间内就拉近了彼此的距离。

人际关系学中有一条“六度分离理论”，说地球上任何一人与另一个人攀上关系，中间所间隔的人不会超过 5 个。换言之，任何初次见面的两个人，只要有心，总能发现双方有这样或那样的“亲友”关系。

况且，即使彼此没有这样的中间人存在，也可以有其他交集。如“听说你是湖南人？我在那儿待过一年，湖南美食多呀……”“你是做设计的？我做过文案呢！广告策划这个工作……”“你在东明路上班？东明路哪个地方呢？我就在那附近，以后可一起吃午饭……”“你是吉林的？我是辽宁的，说起来我们都是东北人呢……”

以上只是第一句话的普通用法，比较中规中矩，如果你想来一场别开生面的交流，可试试下面的句式。

1. 问题式

聊天时说的第一句话，通常是为了引出第二句话，所以可从提问题开始。

如坐在飞往北京的飞机上，可以问对方："你也去北京吗？"这个问题的答案是显而易见的，即使对方不愿意多聊，也一定会回答这个问题。如果对方刚好也想聊聊，他的回答也许会传达更多的信息，你们可就此接着聊下去。

你设置的问题越浅显易懂越好，近乎白痴的问题可使对方马上明白你是想进行一场聊天，而不是为了知道问题的答案。为了礼貌起见，问题的设置要避免引起对方的不适。比如上面的例子，不能第一句就问对方："你去北京干什么？"别人跟你又不熟，为什么要回答你这个问题？所以提出的问题不要牵涉彼此的隐私，它的目的只是开启一场聊天，而不是为了盘查别人的行踪。

2. 废话式

废话式，顾名思义，即用一句废话来作为开始。如在超市遇到熟人，可以说"你也来买东西呀"；坐在飞往北京的飞机上，可以说"你也去北京呀"；在幼儿园遇到其他家长，可以说"今天是你来接 / 送孩子呀"。

诸如此类的话，表面看来好像废话一样，但很多的聊天，尤其是在彼此不熟悉的情况下，都是从废话开始的。

废话式与问题式一样，废话的设置依然遵循简单直白的原则，可以是描述已经看见的事物，要简单易懂，起到引出对方第二句话的作用。

总之，第一句话虽然重要，但并不难。只要你勇于尝试，多说多练，灵活运用，很快就能发现其中的诀窍，然后在所有场合都能轻松开口说出第一句话。

▶ 说完自我介绍，让人还想接着聊

在新员工欢迎仪式上，小王像前面的新同事一样做自我介绍：“大家好，我叫 XXX，来自 XX，是 XX 部的，请多多关照！”

不过，对于这样千篇一律的自我介绍，他很怀疑其他的同事和领导能记得住他，于是灵机一动，又补了一句：“咱们公司有没有和我一样来自 XX 的？”

他都想好了，如果有，他就说碰到老乡很开心之类的话。如果没有，他就说“只有我一个真是太遗憾了，以后想要什么特产我帮大家带啊！”这个补充问题果然让沉闷的欢迎会热闹起来，大家的陌生感一扫而空。

当我们到了一个陌生的环境中，开始接触不熟悉的人，通常第一件事就是做自我介绍。像上面“我叫 XXX，来自 XX，是 XX 部的”这种千篇一律的自我介绍，就跟白开水一样，很容易让人“过耳即忘”，也难以引发接下来的聊天互动。要想给人留下不错的印象，就要为自己设计一个出彩的自我介绍。

1. 从清楚介绍自己的名字开始

名字不仅是一个人的代号，还是一个人的独特性所在。介绍自己名字时不妨花点心思，想一想怎样才能让别人更容易记住你，不要含混地带过，使别人再次见到你时产生一种“这个人叫什么来着”

的尴尬。也不要只是简单地递出自己的名片，让别人下次见到你时还忍不住想翻名片再看一下。

陈毅元帅在抗战时是这样做自我介绍的："我叫陈毅。耳东陈，毅力的毅。刚才司仪先生称我为将军，请我训话，实在不敢当。我现在还不是将军，当然，称我为将军也可以，我是受全国老百姓的委托，去'将'日本鬼子的'军'的。这一将，要把他们将死为止。"这个自我介绍中就包含了很大的信息量，令人"过耳不忘"。

2. 加进去一些补充信息

自我介绍若只介绍自己的名字，所传递的信息量未免太小，别人很难从你的名字上打开话匣子，所以需要在介绍中加入一两句补充信息。比如可以介绍自己的家乡、兴趣爱好、教育背景等，让别人了解你更多的信息，以便找到与你聊天的话题。

比较下面两种介绍方式：

①我叫 XXX，请多多指教。

②我是来自 XX 的 XXX，我喜欢 XX，请多多指教。

显然，①例介绍过于简单，别人只知道他叫什么，不知道其他更多信息，难以开展进一步交流。②例介绍既简洁，又能让别人找到继续交流的话题。比如说"我喜欢美食"，别人就可以接着说："是吗？我也喜欢！你喜欢什么口味？"介绍者就可以接着回答："当然是重口味的！比如剁椒鱼头、酸菜鱼、麻辣肥肠……你呢？"这样一来，双方就很容易开始愉快的交流。

需要注意的是，如果你想在自我介绍中加入职务等信息，尽量谦虚低调，不要把头衔、学识等信息介绍出来，否则会给人留下吹嘘、显摆的印象。如你是某个领域的博士，可以说“我对 ×× 学很感兴趣”“我很喜欢 ×× 学”，但不能说“我对 ×× 学很有研究”或“我是 ×× 学博士”。

3. 切忌把自我介绍当成履历展示

自我介绍的时间通常很短，不要试图在 1 分钟之内将有关自己的信息全部传达给别人。毕竟，自我介绍只是让陌生人初步认识自己的一种方式。

自我介绍中，你只要向大家传递出这样的信息就行了：你是谁，是干什么的。不需要在介绍词中列出太多关于自己的事情。否则你的介绍就失去了重点，第一次见面的人很难记住那么多信息，而且会感到困惑：这个人说这么多，究竟想干什么？

你可以将自我介绍的时间设定为 30 秒 ~1 分钟，突出一个重点就够了。如果你想与别人展开更多的交流，就选择一个能引起对方兴趣的点。好的介绍能用 1 分钟时间引出后面 1 小时的交流。

4. 注意基本礼仪

做自我介绍时，要注意一些细节，比如言谈举止要大方得体，把握好介绍时机等。

孔子说：“不学礼，无以立。”礼貌是做人的基本素质，大方得体的言谈举止，会给人留下良好的第一印象，为你们的下一次交流打下良好的基础。

所以，在做自我介绍的时候，声音要大小适当，语调要平和沉稳，用语要谦逊文雅，态度要诚恳亲切。无论使用普通话还是方言，要以对方能听清楚为准，切忌声音过大。

如称呼对方，可用“您”“先生”“小姐”等代替“你”，用“贵姓”代替“你姓啥”。多用敬语、谦语和雅语，这既能体现出一个人的文化素养，也是尊重他人的表现。

注意自我介绍时的神态表情，不要嘻嘻哈哈不庄重，也不要冷冰冰地将自己的姓名等信息背诵一番。神态和表情很重要，要让别人感到亲切自然。

在非正式社交场合，一般是没有中规中矩的自我介绍这个流程的。要想让别人更好地了解你，把握自我介绍的时机就显得非常重要。一般情况下，当对方有空闲时间而且心情比较愉快时，你的自我介绍往往不会打扰到对方，比较容易建立良性交流。不过，仍然要“简洁而有重点”，要迅速打开对方的话匣子，切忌长篇大论占用别人太多时间。如果你已成功地引起对方的谈话兴趣，那么接下来就多谈谈别人，少谈自己，不要急着表白。

▶ 用寒暄打破初见面的沉默

小郑去参加活动时，在宾馆大厅里碰到了一个以前的同事。同事喊了他一声，然后就不说话了，只是微笑。小郑也微笑，说：“好久不见啊。”同事点点头，然后接着微笑。小郑也不知道说什么好了，他虽然觉得尴尬，但还要在大厅里等人，没法抽身而去，同事也没有要离开的意思，两人无言地沉默了几分钟。小郑只好不时地找话题：“今天天气好热啊”“搞不好又堵车了，朋友还没来”，同事除了点头和微笑，没说过其他话。小郑等的人终于来了，小郑看见同事松了一口气，大家似乎都得到了解脱。

日常生活中有很多像小郑同事这样打过招呼之后就陷入沉默的人。他不愿意表现出没有礼貌的样子，所以率先打招呼，在此后也不断地点头或微笑，但就是无话可说。所以两人除了尬聊就是沉默，彼此都感到很煎熬，直到第三人出现打破僵局。

出现这种情况的根本原因在于，不懂得通过寒暄过渡到进一步交流，所以不得不把话语权转移到对方那里。如果对方恰巧也不擅长寒暄，聊天就止步于打招呼，招呼完毕彼此陷入怪异的沉默。一旦出现这种沉默的空当，即使后面一方有意找话题，最初的尴尬也会让彼此产生“没话找话”的感觉，致使交谈气氛很不融洽。

寒暄是创造和谐聊天氛围的常用方法，其目的是打开别人的话匣子，是聊天的过渡语和铺垫。好的寒暄，可以瞬间拉近彼此的距离，让沟通和交流变得更顺畅，其主动示好的意义甚至可以帮我们多交一个朋友。所以，寒暄怎样讲、讲什么直接决定着一场聊天的融洽程度。

那么，该如何进行寒暄呢？

1. 寒暄的内容选择

寒暄的内容没有固定格式，天气、工作、爱好、籍贯等都可以是寒暄的切入点，要结合所处的环境，自然而然地带出，不要给人无话找话的感觉。

假如对方是一个你刚认识的湖北人，可自然而然地聊一聊湖北的风土人情。如热干面、武当山、荆州古城、神农架、黄鹤楼、三峡大坝等。如果是老乡，还能引出更多关于故乡的话题。

如果是熟人，可以说一些关心的话。如“好久不见，你气色看上去不错呀”，或者“最近怎么样？忙什么呢？”或者结合所处的环境就地取材引出话题。如到了朋友家，可以赞美其室内摆设，“房间布置得不错”，还可以顺口问问某件电器的性能怎么样等，注意随时恰到好处地赞美。

寒暄要避开婚姻、收入等隐私问题，时事新闻、孩子教育、风土人情、人生感悟等，都是不错的话题。如果隐私话题是别人主动引入的，也不要直接回绝或反驳，及时转移话题就能避免尴尬。

另外，寒暄时不要一味诉说自己的感想，而要以一种互动的方式来聊天，鼓励别人多说话。这就意味着你所说的内容要使对方有话可说。不要对残疾人谈运动，不要对未婚人士谈育儿，最好也不要对单身汉谈伴侣、对外地人谈家乡，否则难以产生彼此是“自己人”的感情，也难以形成融洽的聊天氛围。如果尚没有控制聊天的能力，可试着从对方的话语中找出他的兴趣点，让对方就自己感兴趣的事情发表看法。

2. 使用令人愉快的措辞

在寒暄的措辞上，要注意选择那些积极的、正面的语言，传达出自己的关心和亲切，不能选择负面的、消极的语言。

例如，一个患者要出院了，护士这样寒暄：

①以后要保重身体呀！你的身体底子本来就不错，只要加强锻炼，肯定会越来越好。

②欢迎下次光临！

显然我们更想听到第一种寒暄，它包含着嘱咐和祝福，是令人舒服的寒暄。第二种寒暄虽然也使用了礼貌用语，但用在这里却不合适。跟医院打交道意味着身体健康出了问题，没事谁愿意去医院呢？

同样的道理，我们也不能用“你怎么又胖了”“你气色比上次更差了”之类的语言对熟人寒暄，哪怕事实的确如此。因为寒暄的主要作用是让聊天氛围更融洽，建立彼此的认同感，使进一步的交流更通畅，而不是惹对方不高兴。

3. 寒暄要适可而止

从某种意义上来说，寒暄只是大家客套客套而已，不是聊天的目的，所以寒暄要适可而止，要么寒暄两句即刻离去，要么寒暄几句立刻进入正题。

如果只是闲聊，那么可就你们寒暄的内容做进一步延伸。如前面提到的跟湖北人的寒暄，大家可以围绕感兴趣的话题天南海北地聊下去。在此期间注意观察对方是否有兴趣畅聊，如果他不认可你的寒暄或者无意继续交谈，要及时中断话题。

如果是在公共场合遇到熟人，要根据具体情况决定寒暄时间。

如果大家经常见面，又没有什么非讲不可的事情，可以简单问候两句就离开。如果有事情需要与别人讲，那么寒暄完毕就要快速进入正题。简明扼要地把你想传达的信息告知对方即可，不必长篇大论。如果你的事情几句话讲不完，你们可以约定时间再聊。

4. 寒暄时要注意的其他细节

任何时候，我们都不能为了寒暄而寒暄。如天气是永远也不过时的话题，但如果不分时间地点和场合，一味地谈论天气就很滑稽了，既显得生硬，又给人无话找话的尴尬。所以寒暄还要有一定的针对性，因人而异，因地而异，因场合而异。

还要注意寒暄时的态度，不要为了拉近彼此的感情盲目吹捧、攀交情，或加入过多的溢美之词，否则会给人虚伪客套的感觉。所以寒暄时还要摆正态度，既不吹捧别人，也不显摆自己，热情而不失诚恳。语言、表情都表现出感兴趣的样子，自然而然就创造出和谐的交流氛围了。

▶ 学会搭讪，几句话就能交朋友

小张与妻子李玫是在地铁上认识的。当时正处于上班高峰期，地铁上人很多，小张一下子就被李玫吸引住了，便想上去搭讪。他故意“不小心”撞到她，然后再道歉。这种事很正常，李玫只能说“没关系”。他又拉家常般地说：“今天人真多啊，刚才真对不起呀！……你到哪一站下？要不过来站我这边更轻松……”两人就这样慢慢地聊了起来。

搭讪与打招呼不同。由于人们对陌生人的天然防备心理，搭讪不仅需要会打招呼，还要能卸除人的防备心理，缩短彼此的心理距离。日常生活中，搭讪失败的青年很多。他们常用的句式包括："美女在干什么""我们可以聊聊吗""留个联系方式吧""加个微信呗"……这些都是不会搭讪的例子。

所有朋友都是从陌生人发展来的，在现实生活中，无论学习还是工作，我们都需要同陌生人交往，学会搭讪是同陌生人交朋友的第一步。那么怎样搭讪，才能让陌生人对我们敞开心扉呢？

1. 说好开场白

"能留下姓名和联系方式吗？"

——如果你用这样的方式作为开场白，一定会遭到拒绝。

试想一下，如果一个陌生人这样对我们说，我们会怎样回应呢？第一反应一定是：他想图谋什么？但是，如果我们在大街上遇到一个人向我们问路，往往会很容易就相信他并为他指点迷津。同样的道理，想让别人对我们放下防备之心，就不要一直说个不停（我们不认识，你和我说这么多干什么），而是要让别人多说话。

所以，搭讪的第一要点是提问，让对方通过回答多说话，在说的过程中逐渐放下警惕。

这里举几个可以作为开场白的搭讪句式。

①请问你知道……吗？

②你有什么好的建议吗？

③你自己……吗？

当你不知道怎么打开对方的话匣子时，不妨设置一个问题，让对方通过回答问题主动搭讪你，这时候可用①句型。如你想向一位老人推销理疗产品，不妨说："您知道理疗可以防治哪些疾病吗？"无论对方是否知道答案，这都是一个他能回答的问题，我们就可以从他的回答中发现进一步聊天的话题。需要注意的是，你设置的问题不能涉及隐私，否则会引起对方反感。

当你想知道对方更多信息时，不妨给对方找点谈资，首先引起他聊天的兴趣，这时候可用②句型。如你可以问一位家长："我想给孩子报一个特长班，不知道有哪些可以报，你有什么好的特长班推荐吗？"生活中很多事都可以从引发对方兴趣入手，只要你给他一个可以展示自己见解的合适话题。但要注意这个话题一定是对方熟悉的，你不能询问一个未婚人士如何教育孩子。

③句型的适用范围很广泛。"你自己做饭吗？""你自己带孩子吗？""你自学的西餐吗？"……类似这样的话题很容易打开对方的话匣子，使他不自觉地将自己的生活展示给你看，在不知不觉中建立彼此的信任。

2. 发现别人的兴趣点

了解是搭讪成功的关键，没有人会主动告诉你他的喜好是什么，那么我们怎么了解一个陌生人的喜好呢？

简单来说只需三步：看——观察他的着装、仪态、穿着、微表情；听——听对方的言辞，不管他说的是什么，这些话都能反映他的真情实感；说——你可以说一句无伤大雅的话来抛砖引玉，对方的回馈信息中包含着他的兴趣爱好。

例如，在一节长途旅行的火车车厢里，百无聊赖的你想与对面的女孩儿闲聊几句，可以说："请问你知道刚才过去的是哪一站吗？我没注意列车员播报。"无论如何，这是一个她能回答的问题，只要她对你说了第一句话，接下来就很容易聊了。你可以就刚才那一站的风土人情作试探性的话题引入，观察对方是否有聊下去的兴趣。如果她无意多聊，可以问她在哪个地方下，然后从这个地方的风土人情谈开去。在此过程中多听多观察，从她的言语中发掘可引申的话题。

3. 建立信任

张先生被派到上海工作，他对即将到来的陌生生活感到很焦虑。在火车上，他听到对面的两个女孩在谈论上海地方公众号的运营，就硬着头皮搭讪。他拿出自己的名片，说自己听到她们的谈话，想要认识一下，以便更好地了解上海。这两个女孩热情地为他介绍了很多关于上海的风土人情，他听得很认真。到了上海之后，他还经常跟这两个女孩联系，求推荐游玩场所，她们成了他在这个陌生城市最早认识的朋友。

人们通常对不了解的事物抱有怀疑态度，这是正常的。要想将一个陌生人变成自己的朋友，最难的地方在于卸下对方的防备，建立彼此的信任。让对方相信自己，也就是要让自己摆脱"这是个坏人"的误会。

国外一项调查显示，约40%的人承认自己在陌生人面前或陌生环境中是害羞的。如看到心仪的女孩不敢跟她说话；面试时不敢看主考官的眼睛；到一个陌生场合时，不敢抬头。因为害羞，我们不敢充分表达自己的想法，因而丢失了许多机会。

所以，想要与陌生人成功搭讪，你首先要克服自己的害羞心理，让自己像在熟人面前那样，展现出亲和力。如果不擅长这一点，你至少要诚恳一些，让对方觉得你诚实可信。然后，你可以好好介绍一下自己，表明自己的目的，让别人大致了解你。接下来进行答疑和询问，询问对方的联系方式。最后，肯定别人对你的帮助，再次展现自己的真诚，表明自己是一个安全的人，让对方相信你。

4. 注意一些细节问题

如果一个人穿着太邋遢，或者表现很猥琐，那么无论他多么彬彬有礼，通过搭讪建立良好人际关系的可能性依然是很低的，因为留给别人的第一印象太差了。所以搭讪的时候，你一定要确定自己的着装、仪态、微表情、肢体语言都是得体的。

还要注意搭讪时的态度：真诚和坦率。当别人对你有疑问时，尽量毫无隐瞒地回答，让对方感受到交流的诚意。例如一个摄影师想拍一位陌生大妈。当大妈询问他叫什么名字、多大年纪、来自哪里、是否有女朋友等问题时，虽然涉及隐私，他依然很愉快地回答了。彼此在闲聊中建立起了一种信任，摄影师最终获得了拍摄的许可。

▶ 场面上，要会说几句场面话

某公司新招了几个大学生，一周后，领导组织新员工座谈会，召集了一些中层干部和这些大学生一起吃晚餐。这些大学生都是新入职场的菜鸟，看到有领导在就很紧张，端着酒杯不知道说什么，现场气氛一度很沉闷。

这时候一个姓杜的大学生站起来说："刘总，我当初就是冲着您来的。我上学的时候，听我们老师说过您在建筑领域的传奇，梦想着有一天能当面向您学习，今天我很荣幸成为×建的一分子，感谢您让我得偿夙愿。我要先敬您一杯！"一席话说得刘总眉开眼笑，打开了话匣子，晚宴气氛活跃起来。小杜在宴会上的表现给领导留下了深刻的印象，后来成为这批大学生里发展最好的一个。

"场面话"，顾名思义，指的是能放到"场面"上的话，是人际交往中的一种应酬话。在中国式应酬中，场面话不但是我们与陌生人、尊长、上司等建立良好交流氛围的必要语言，也是我们彼此沟通情感的有效技巧和生存智慧。场面话说好了，对形成良好的聊天氛围能够起到事半功倍的效果，可帮助我们从容应对各种人际交往。

1. 场面话的一般格式

无论哪种场合的场面话，一般都包括这些内容：感谢、回顾、展望。在致辞的过程中，说话人要将主旨清楚表述出来，然后结合自己的经历灵活发挥。有时还要与其他同人一起，共同展望未来。

下面详细介绍几种较为常见的场合的场面话。

（1）同学聚会场面话范例

尊敬的老师、亲爱的同学们：

大家好！首先祝贺我们毕业十年之后的再度相聚，谢谢同学们从五湖四海赶来，感谢恩师们百忙之中抽出时间参加我们的聚会。

曾经，我们怀着憧憬和梦想走进XX大学的校门，大学四年，我们在这个大家庭里度过了人生最美好的一段时光。为了将我们培养成才，老师们为我们提供了无微不至的关爱和照顾。今天我们特意把他们请了回来参加这次聚会，让我们对恩师表示最热烈的欢迎和衷心的感谢！

毕业后，我们走上了各自的岗位，开启了各自的事业之旅，踏上了人生的新旅程。这些年来，我们每个人都在自己的岗位上锐意进取、努力拼搏。再度相聚时，我们更明白同学情、师生情的可贵，更加珍惜我们纯朴真挚的友情，感恩老师的培育与教诲。

同学们！让我们端起手中的美酒，重温那段快乐时光，畅叙道不尽的师生情、学友谊吧！我提议，为我们的再次相聚、为恩师的健康与幸福、为我们永远的快乐与幸福，干杯！

（2）领导就职场面话范例

尊敬的领导，亲爱的同事们：

大家好！今天我成功竞选为XX部门的经理，心情非常激动。

首先感谢各位领导的信任和关怀，感谢大家的鼓励和支持。我一定努力工作，不辜负你们对我的期望！

XX 部门……（就该部门工作做一番阐述）

我知道自己身上还有很多不足之处，未来的工作也会遇到各种挑战。作为 XX 部门的经理，我相信，无论什么样的困难都无法将我们大家压垮。我相信，只要我们大家齐心协力，遇到问题一起想办法，XX 部门会变得更美好！

（3）受到表彰场面话范例

尊敬的各位领导，亲爱的同事们：

大家好！首先感谢在场的各位领导给我这样一个机会，让我成为优秀员工，对此我感到非常荣幸。

我在 XX 公司工作了 X 年，优秀员工对我来说并不仅仅是一个称号，更多的是对我努力工作的一种回报和认可，再次感谢各位领导的鼓励和所有工作伙伴的支持。

我还有很多做得不够的地方，要学习的地方还很多。在今后的工作中，我会发扬在前一段工作中的优点，踏实完成每一项工作。同时，我也会虚心向其他伙伴们请教，不断提高自己的业务水平。“优秀员工”这个荣誉将鞭策我不断前进。我相信，只要付出了努力，就一定会有回报。

最后，再一次感谢大家对我的帮助，希望在今后的工作中我们大家能一起努力，共同奋斗，使 XX 公司的明天更辉煌！也祝大家身体安康，事业顺利！

2. 怎样说好场面话

只要有心，人人都会说场面话，只不过有的人说场面话让人听着很舒服，有的则说得很生硬，所以说好场面话，还要注意以下细节。

（1）不要无中生有

虽然场面话听起来很“虚”，但不是无中生有。当需要用到称赞或恭维的“场面话”时，最好有事实引入，给人有凭有据、真诚动人的感觉，如果是无中生有，反而会弄巧成拙。例如前面小杜称赞刘总是业界传奇，就没有直接说“久仰刘总在建筑界的传奇”，而是巧妙地提到“我上学的时候，听我们老师说过您在建筑领域的传奇”，这样听起来就显得真实而可信，从而打动听众。

（2）掌握好火候

场面话的性质决定了其内容不能太长，点到为止即可。长篇大论的场面话会给人虚伪肉麻之感，令听众不适。就各部分内容分配来说，赞美、感恩等话提一两句即可，要多讲那些能打动人心的事实，从而使场面话更真实可信。

（3）场面话绝不是虚伪的客套

有些人也许会将场面话与客套、人情世故、虚伪的空话等画上等号，如果是以这样的心态来说场面话，会更易给人虚伪之感。在中国式应酬中，场面话实际上是我们说话办事的必备沟通技巧，既不是空话套话，也不是应付。即使大家都知道场面话并不一定是一个人内心的真实想法，但人们听到场面话后依然会感到开心。

这说明场面话能为进一步交际创造良好的沟通氛围。如果没有很好的语言技巧，普通的话语是难以起到这样的效果的。

需要强调的一点是，社交场合千变万化，场面话也没有固定格式，谁也不可能靠某几句场面话就走遍天下。所以说好场面话的关键还是要多学习、多倾听、多总结，学习一些说话高手的技巧，然后与自己的生活融会贯通，再及时将学到的运用到生活中去，慢慢就能说出一些符合时宜的场面话了。

第二章

善找话题，让沟通充满无限可能

与人交流的过程中，有的人总是不自觉地做话题终结者，要么没有话题、冷场；要么大家聊得正开心，他一开口，众人瞬间沉默了，只剩下他在风中凌乱。这就是不善找话题所致。那么，什么样的话题可以让我们的沟通不设限呢？

▶ 最新时事热点话题马上用

有一次下班，李琳去东区办事，与下班的同事刚好坐在同一辆公交车的相邻位置。两人日常交集并不多，偶有往来也是工作上的事，很少闲聊。现在两人距离这么近，该说些什么好呢?

“你看过《战狼》这部电影了吗? 听说最近非常火!”李琳率先开口。

同事似乎对这个话题很感兴趣：“是啊，听说票房已经30多亿了呢! 我还没去看，周末如果有空就去瞅瞅，还不知道好不好买票呢!”

接下来，两人就这部电影的火爆程度谈论了一番。说到里面张翰饰演的富二代，又说起张翰以前的影视剧形象。当谈到某个影视剧的某主人公时，话题又转到另一个主人公上。就这样，半个多小时的公交路程，李琳与同事欢乐地聊了一堆娱乐八卦。

热点新闻的特点在于普及性很广。在这个信息大爆炸的时代，一个人即使平常不关注新闻，热点新闻也会通过微博、今日头条、朋友圈等非传统媒体的方式推送到他面前，就算他不打开来看，至少也能从标题上知道有这么一件事。知道就是谈资。所以当一场闲聊开始时，如果对别人了解不是很多，又不愿意过多牵涉自己的生活，以最新时事热点话题作为开场白会是一个不错的选择。

1. 你的热点话题要接地气

小郑要到北京参加中国互联网大会。在高铁上，他与邻座大谈特谈独角兽论坛的特色，对方只能以“嗯”“哦”“是吗”来回应他，兴趣寥寥。小郑也觉得很没意思，“他真是一点儿都不懂，真没劲！”他心想。

小郑的问题在于：他所选择的热点新闻并不接地气。即使是热点新闻，也有专业与非专业之分，像“独角兽论坛的特色”这样的话题，就不是所有人都理解、都感兴趣的。当别人无从插话时，聊天就变成了一个人的“自嗨”，一不小心还有卖弄的嫌疑。

一般来说，科技、军事、政治这样的话题，哪怕是当下的时事热点，也不适合作为聊天的话题。与社会新闻、娱乐新闻相比，这类话题比较小众，只有少部分人能接住。

例如科技新闻，只有与科技发烧友聊才有价值，普通人最多知道有这么一件事，或者简单明白其原理，不会想知道某个软件的代码是怎么编写的。军事新闻也是如此。

政治新闻则离我们普通人的生活比较遥远，很少人会感兴趣。如果你非要聊聊伊犁州党委办公厅最近下达的《关于印发〈伊犁州贯彻落实中央环保督察反馈意见整改任务和措施清单〉的通知》这条新闻，又有几个人能接住话题呢？

2. 根据聊天对象选择合适的热点话题

小王去相亲，一眼就喜欢上了对方。为了打破初次见面的沉闷，他拼命找话题。刚好世界杯赛事正进行得如火如荼，而这也是他最擅长的话题，于是他开始大谈足球。可是无论他怎么卖力，女孩都没有继续聊下去的兴趣，他们吃完饭就各自回去了。对方明显不喜欢自己，这让小王很沮丧。

小王虽然选择了当下的热点新闻作为话题，但足球并不是一个人人都喜欢聊的话题。大多数女性对足球、篮球等体育领域的了解和喜爱程度，远不及对星座、化妆品、服装搭配等兴趣大。这就告诉我们，时事热点也要有所选择，不能与人谈论其不感兴趣的领域。如果你非要对一个女性谈论足球，最好是谈论某个足球明星的花边新闻、趣事，这可能会是她听得懂而且乐意听的话题。

怎么知道别人对哪个领域的话题感兴趣呢？一般来说，男人之间喜欢谈论新闻、时事、学习、工作等内容，偏向于说教、批判；女人之间喜欢谈论服饰、美妆、化妆品、减肥、娱乐八卦、影视新闻、星座、吃喝玩乐等内容，更关注话题的趣味性。男人和女人一起聊天，就要聊那些大家都关注的话题，比如最近上映的某部电影。

3. 观点不一致怎么办

中午，大家都在公司食堂吃饭，聊起公司最近的伙食问题。

小郑说：“今天的红烧排骨很不错啊，一点儿都不腻。”

小王口味比较重，他连忙咬了一口，却说：“哪里不错了？还不是一样的没什么味道，除了没煮烂熟这点，跟昨天相同。”

小郑只好说：“反正我很喜欢。”

“今天的红烧排骨味道怎么样”，这是一条关于公司餐厅的“民生新闻”。小郑和小王对这条新闻的态度截然不同，如果他们二人继续围绕这个话题聊下去，很可能会不欢而散。正如“一千个读者就有一千个哈姆雷特”一样，每个人对热点新闻都有自己的看法，当大家聊到一则新闻时，如果观点不一致怎么办？

聊天就是要进行思维碰撞，大家各抒己见、交换意见才是健康的交流。如果你非要与别人辩论清楚孰是孰非，聊天就成了一场争论。无论谁输谁赢，过程都会不那么愉快，结果也未必能令赢的一方开心。

如果不想一味地息事宁人，该怎么办呢？假装赞许对方的观点，自己心里会很不舒服；突然转换话题，又会显得很突兀。这时候不妨这样说：“我觉得你说得很有道理，我有一点想补充的是……”这样既没有公然反对对方的观点，又表明了自己的看法。

切忌与对方一争到底，更不要去试图说服别人听从你的观点，否则聊天就失去了其愉悦闲适性，求同存异是聊天时避免产生争执的一项根本原则。

总之，聊天就是要大家都聊得开心。以最近的新闻热点做开场白，就是要让人人都有话聊，人人都知道怎么接话，从而达到人人都能积极参与的目的。不妨每天花一些时间浏览当天最热门的新闻，最好每个领域都了解一些，既开阔视野，又能了解人们可能谈论到的事情。这样就能发动一场聊天或是参与一场聊天，不至于在别人都高谈阔论的时候自己完全没有存在感。事实上，对某些新闻热点发表一些真知灼见，是很容易给人留下好感的。

▶ 善于就地取材，打开话匣子

张女士代表公司与英国一家大型化妆品公司谈业务。初次见面，大家简单问候之后，眼看气氛要冷下来，张女士赶忙说："最近北京的天气真好，像我们一样欢迎贵宾到来呢！当然了，北京的天气有些干燥，要是能'借'伦敦一点儿雾就更好了。我曾到过伦敦，那里的雾气对皮肤有很好的滋润作用呢！"一番话说得英国化妆品公司代表哈哈大笑，对方也趁机打趣了几句，气氛很快活跃起来。

双方进入良性沟通，张女士这番貌似无聊的废话居功至伟。她在这里从天气这个老生常谈的话题入手，既打破了初次见面的沉默，又委婉而巧妙地指出双方互惠互利、友好合作的诚意，令人莞尔。

在开始一场新的谈话时，出于礼貌，我们一般不会冒昧地提出自己的想法，而是会用其他一些无关紧要的话题引入，这个引入过程不是那么容易。"今天天气不错"是最常用的话题引入句式，张女士在这里就使用得很好，但我们不能在所有场合都使用这一句话。如果你到了一个高档的酒会，也用这句话做开场白，就显得非常敷衍。所以要灵活运用，根据环境就地取材，寻找合适的话题。

1. 从周围环境找话题

如果聊天发生在餐桌上，可以就当下这顿饭发表一下见解，可以用这样的语言开头：“这菜色看着不错，口感也可以，不知道这是怎么做出来的？”这里面既有寒暄的废话，也有问题设置，使得对方有话可接，或是表达自己对菜品的见解，或是描述其做法，然后你可以根据对方的回答情况进一步聊下去。由于美食与所有人的生活都有关系，仅仅这一个话题，大家就可以聊很久。

除了美食，一切你们的眼睛可以看到、又与人们的生活息息相关的话题，都可以参照这一模式聊下去。比如就餐的气氛、顾客的多寡、街边的美景、户外的广告等。这些人所共知的常识性话题，每个人都了解，每个人都有话可说，不容易冷场。

2. 从彼此身上找话题

如果聊天发生在朋友家或其他与朋友相关的地方，那么对方与朋友的关系可成为你们这次聊天的第一话题。可以用这样的语言开头：“你和XX是同学（同事、老乡等）吗？”无论你问得对不对，总能引起对方的话茬。如果说对了，你们可就原来的话题深入畅聊；如果问得不对，对方正确的回答也可以让你们畅谈下去。——所有与人有关的话题，都是“关系”，也可套用上述聊天逻辑，从彼此的关系上聊开去。

如果是第一次聊天，还可以从对方的衣着、穿戴、口音、爱好、家人趣事、工作糗事、童年故事、学校、朋友等方面找话题。这些话题一方面有许多可聊的内容，另一方面也能加深彼此的了解，容易产生互动。如果对方讲的是你完全不熟悉的事情，无从插话，那就专注倾听，可以不时地点头、微笑，或者问“后来呢”，使对方更有兴趣讲下去。

3. 通过问题找话题

如果短时间内没想到更好的话题，还可以通过提问找话题，提一些并不唐突而对方又有话可说的话题，不失为一种好办法。可以用这样的语言开头：“府上（或老家）是哪里的？”知道对方的籍贯后，话题就很容易展开了。如果你恰巧与对方是老乡，或者曾在那个地方待过，通过攀交情的方式可迅速拉近彼此的距离。如果不是老乡或者没在那里待过也没关系，你可以顺口称赞那个地方的风土人情，吸引对方聊下去。

需要注意的是，这个问题一定要是对方有话可说而且愿意说的，不要问对方回答不上来的问题，也不要问涉及对方隐私的问题。

4. 通过赞美找话题

对于赞美，人们通常都是不会拒绝的。如果遇到的是一些知名人士，或者在某个领域有特殊成就的人，你大可表达自己的仰慕之情，然后谈谈那些令对方感到得意的成就。人们对自己擅长的领域通常是有话可说的，哪怕你提出一些很白痴的话题，对方也往往会愉快地帮你解答，因为你给他创造了“表演”的舞台。

即使遇到的是普通人，你也能通过赞美的方式打开对方的话匣子。话题可以是：“你这个包不错，在哪儿买的？”“你家装修得真温馨，谁设计的？”“你这孩子，真懂事，小小年纪就这么有礼貌！”诸如此类的赞美既得体又讨巧，都是可以就地取材的话题。而对方也往往不会对你的赞美无动于衷，你们的谈话很容易就进行下去了。

5. 循序渐进地发掘对方的兴趣点

每个人最熟悉的事，莫过于自己的，所以有时候也不必挖空心思寻找话题，谈一些让对方感到开心的事就行。如果你不知道他的喜好，可以进行试探性的提问，如："你平常喜欢下象棋吗？"如果对方回答说"不"，你就可以问他是不是很忙，平常都做些什么。由此导出对方的话茬，然后就能以他的喜好为话题，谈论其中的情趣、玩法。如果你不了解这种爱好，那就把这次聊天当作一次学习机会，耐心倾听，以一副好学的姿态适时提问，既扩大了眼界，又促进了交流气氛。当然，如果你恰巧也喜欢这个爱好，那么你们就会聊得很投机。

由此可见，就地取材寻找话题的内容很广泛，只要你掌握了方式方法，眼睛所到之处皆有可聊的话题。而且，就地取材的内容通常是显而易见的，对方不至于因不了解而无话可说，在大家都有话可聊的语境中，冷场的问题就得到了完美的解决。而那些不知道谈论什么话题的人，多是将"找话题"这件事看得太隆重，殊不知最好的话题就在触手可及的地方。

▶ 谈一些永远都不会过时的话题

打破沉默最容易的办法，不是苦思"我说什么才好呢"，而是找出"我们有什么共同点"。一旦你发现了自己与别人的共同点，话题自然就来了。不过，如果你根本不了解别人，那又怎么发现彼此的共同点呢？此时，不妨试试这些永远也不会过时的话题——大家都很熟悉的话题。

1. 天气

天气和人们的生活息息相关，而且不用担心会侵犯别人的隐私，所以无论与熟悉的人还是陌生人聊天，都可以从天气开始。英国人在这方面的做法可谓达到了极致，他们在开场白中经常会说诸如“很冷，不是吗”这样的半截句，其意义相当于中国人说“吃饭了吗”，对方甚至不必做出明确回答。

需要注意的是，谈论天气的时候要考虑话题的可持续性，避免说“外面下雨了”这样陈述性的话，而要问“外面下雨了吗”这样能产生互动的话。如果天气晴朗，可以说“今天天气不错，我们……”为进一步互动埋下伏笔。

2. 最近的电视节目

跟熟人聊天，可以这样开场：“你知道吗？我昨天看了XX 节目，可有意思了……”如果对方刚好也看了，你们就有了共同点，可以尽兴地聊。如果对方明显没有兴趣，你可以及时将话题导向别的方向，也不会引起尴尬。

如果是跟陌生人聊天，不好直接抛出这个话题，可以试探性地问：“你好，有没有人说过你跟某某明星很像？我刚看了他饰演的XXX，很喜欢……”自然而然地将话题引入热门电视节目。后面还可询问对方看了哪些电视节目，寻找与自己的共同点然后加以挖掘，大家很容易畅聊起来。

3. 美食

“民以食为天”，热衷于烹饪的中国人永远不缺美食文化，所以有了《舌尖上的中国》。即使你不了解美食的做法，至少知道美食的吃法吧？知道什么样的美食好吃吧？或者退一步讲，一种美食的口感如何，你总能发表自己的看法吧？所以，无论是参加什么性质的宴会、聚会，无论是和谁一起参加，至少你是有一个可用的话题的，而且这个话题具有很强的持续性，永远也聊不完。

如果不是在宴饮场合，你可以这样来说：“听口音你是 ×× 人，×× 的美食很不错呀……”所以美食方面不缺乏谈资，主要在于你会不会导入。

4. 第三个人

在聊天中引入第三个人，也不失为一个很好的话题。比如可以说：“你跟我的一个朋友长得很像，我差点以为你就是我那个朋友，不过仔细看你更（称赞）……”或者直接在聊天中引入一个你们都很熟悉的人。比如可以说：“你是五班的吧？王小波认识吗？我是他同学，说起来我们大家年龄相当呢……”

引入的第三个人，无论是谁，至少证明你和交流对象是有关系纽带的，这在无形中拉近了彼此的距离，更容易打开对方的话匣子。如果这个人恰好是双方的朋友，适当讲一些他的事还能让双方都兴奋起来，缓解初次见面的紧张。

5. 家乡

中国文化其实是家文化，大家喜欢把老乡当作自己人。有的人一到陌生的地方就找老乡会，听到与自己口音相同的人就感觉非常亲切，出国则是看到黄皮肤黑眼睛的人就感到很亲切，因此形成了中国式攀交情——认老乡。

所以，我们见到一个不熟悉的人，可以说："听口音你是××的？"如果对方恰巧是，你可以说："我也是（或者我在那里待过），说起来我们还是老乡（或者半个老乡）呢……"如果猜错了也没关系，他会用正确答案来纠正你，你依然可以就新地方的风土人情及自己的经历展开交流。

如果是熟人，也同样可以谈论自己的家乡。跟熟人谈论家乡省事多了，可欢迎他到你家乡做客，或者表示路过家乡时自己会热情招待，或者主动提及为他捎带家乡的土特产等。

6. 健康

健康是一个永恒的话题，上到国务院关于《疫苗流通和预防接种管理条例》，下到我们每天吃多少豆制品，再到电视广告上关于糖尿病的防治等，都属于健康的范畴。关于健康，每个人都有自己的心得体会，无论是昨晚吃火锅导致上火长痘痘，还是工作压力大睡眠不香，抑或是对着电脑的上班族感觉眼睛干涩、颈椎不适，都逃脱不掉健康这个话题。

健康话题的引入，可以根据不同的对象使用不同的开场白。见到老人可以说："您老高寿啊？看起来身体不错呀！"见到年轻人可以说："你气色真好，还是年轻好呀！"见到小朋友可以说："长这么高了……"

需要注意的是，健康话题通常是打招呼寒暄时用的，不宜谈论过多。而且提到该话题时要尽量从积极的、正面的方向去谈。毕竟，没有人会对他人健康与否感兴趣，如果自己健康状况异常，也不喜欢别人过多关注。

此外，时事热点、娱乐八卦、旅行、服装等也都是不错的聊天话题。最重要的是，所聊话题要两个人都感兴趣，避免出现一个人自嗨而另一个人无话可聊的情景。拥有宽广的知识面可以和形形色色不同爱好的人聊起来，所以去拓展自己的知识面吧！你会发现跟任何人都能尽兴聊！

▶ 话题要分对象

小说《鹿鼎记》中，韦小宝能成为人生赢家，与他能"见什么人说什么话"是分不开的：看到皇上，韦小宝说自己的忠心赤胆；看到反清复明的天地会成员，韦小宝信誓旦旦要驱除鞑子；看到漂亮的女人，他能够花言巧语，百般讨好；看到敌人，他又能够巧妙撒谎，机智周旋。每个与韦小宝交流的人，都觉得他的话说到了自己的心坎里，就对他放松了警惕，所以他能左右逢源，在每个利益集团都混得如鱼得水。

融洽的聊天氛围不过是因为大家都有话可说，都能畅所欲言。所以，我们很难和一个男人讨论"口红的 100 种颜色"，也不能与领导讨论同事的绯闻或是非。每个人都有自己的兴趣关注点，你所选择的话题要有针对性，不能千篇一律。

1. 好的话题大家都能聊

在一个大学新生宿舍中，有三个女生来自湖南省，有一个来自广东省。刚开始，三个湖南女生用家乡话交谈，不自觉就忽略了广东女生。其中一个湖南女生意识到她的沉默，及时问了一句："刚刚我们这句话，用广东话应该怎么说呢？"广东女生解释了一句，该女生就笑了："还蛮有趣的。看来我们以后学粤语歌容易多了，你能教我唱首粤语歌吗？"另外两个湖南女生对她们的谈话起了兴趣，一时间宿舍掀起粤语歌学习高潮，宿舍很快热闹起来。

话题要分对象，好的话题大家都能聊。所以，当我们开口说第一句话时，不妨先看看周围的朋友，大家有什么共性，然后挑选大家都有话可说的话题，使每个人都能参与其中，都能畅所欲言。相反，如果不注意聊天对象，说的是别人不感兴趣的话题，聊天就无法继续。

2. 包容彼此的差异

周颖生病住院了，刘芳和一个同学去看望她。寒暄一番之后，刘芳打听周颖身体情况："你的肠胃还好吧？每天下来活动活动，不然口臭太严重了！"周颖尴尬极了，只好半认真半开玩笑地说："哎哟！我们同学多年，我倒是不知道你为什么没有口臭，一会儿大夫来了也给你检查检查！"

患者自有患者的尴尬之处，刘芳只注意到自己闻到了异味，却没注意到患者的难为情，这就犯了说话的大忌。

很多时候，我们的话题之所以不合适，就是因为没考虑到对方的身份和喜好，只凭自己的喜好选择话题，双方的聊天于是变成了一个人的自言自语。其结果比独自对着墙壁说话还要糟糕：你引起了别人的不适，造成了彼此的对立。

人生在世，每个人都有朋友，有志趣相投的朋友，有生活环境相似的朋友，也有刚刚认识的朋友。这些朋友中，你和他除了拥有少许共同点外，更多的是不同点，共同之处使你们相安无事，差异性使你们拥有各自的生活。要想聊得愉快，最重要的是强化共性，包容彼此的差异性。所以在交往时，你要多关注朋友的一举一动，不要只顾自己舒服而挑选令对方难堪的话题聊。

3. 不知道对方喜好怎么办

即使是熟人，有时候我们也无法判断他某时某刻想要谈论什么话题。这里介绍几个诀窍。

（1）直接提问

直接提问又分很多场合。可以是关切地询问，如朋友好久不见，可以询问对方近况如何、家庭或工作怎样，通过对方的回答寻找适当的话题。也可以是沟通问题式的询问，如“你觉得这件事这么处理怎么样”“下一步工作有什么计划”等。这类问题都具有可持续性，交流可在问答中延续下去。

（2）侧面探寻

可以抛出一些比较常见的话题，试探对方的反应。如果对方有兴趣，就接着聊，如果没兴趣，就及时转换话题。这类常见话题，最好选择双方都熟悉的事、物，这样对方才有得聊。如同学好久不见，一般都是从回忆往昔开始，然后慢慢聊到现在的生活。

（3）提前做功课

可以提前了解聊天对象的有关情况，从而在聊天时能够做到有的放矢。了解是交流的前提，双方充分了解有助于增进认识，促进共识。在一无所知的情况下盲目寻找聊天话题，相对来说就会被动一些，沉闷一些。

▶ 更换话题，让聊天内容不断地延伸

钱燕燕周末与朋友们小聚，女孩子在一起难免聊一些有关化妆品和服饰的话题。可半个小时过去了，大家都觉得关于当季服装的话题已经没有什么好聊了，但谁也不愿意成为第一个转换话题的人——担心惹第一个提出服装话题者不开心。

这时候，钱燕燕说："听说这个品牌的衣服很有品位，《我的前半生》中，袁泉就是穿这个牌子的衣服呢！"

另一个女孩接过话题说："是啊是啊，我很喜欢袁泉在里面的形象，到底是演技派，举手投足都是商务范儿。你们觉得呢？"

于是接下来，大家将话题转向了娱乐明星。

钱燕燕的这番话，将有关服饰的话题自然而然地带到了另一个大家熟悉的话题上，既不突兀，又成功地将原本快无话可聊的话题延续了下去，非常高明。

聊天话题太单一，当遇到对方不感兴趣，或者话题已经聊完无法再进行下去，或者出现对立意见不便再聊下去，或者一方意外失言场面比较尴尬等情况时，如果不及时转换话题，难免会冷场。这时候就要及时转换话题，确保聊天可以一直进行下去。

如果直接对别人说“我们换个话题吧”，未免太过生硬，似乎提醒大家我们刚才聊得不愉快，也会显得很尴尬。而且新旧话题转换缺乏必要的过渡，“启动”过程会比较缓慢，这同样会影响聊天的融洽度。所以更换话题要注意方式方法。

1. 由此及彼，自然过渡

避免话题转换太生硬的方法很多，最简单的是学会一些新旧话题无缝衔接的经典句式。如：

①这个 XX 确实不错，但你听说了吗？这个 XX 其实是有来历的……

② XX 说得的确很有道理，但是，我听 XXX 说……

③我和你想的差不多，事实上……

这些句式的神奇之处在于，一方面回应了前一个话题的内容，另一方面又根据相关内容将话题引导到一个新方向，起到新旧话题自然过渡的作用。在具体运用时，不需要死记硬背上面的句式，只要记住其中的逻辑就行了，即，A 话题相关内容—内容涉及 B—引出 B 话题。

如美国总统林肯在竞选总统时，遇到牧师卡特莱特的刁难。牧师以信奉耶稣为话题，分别让“想进入天堂的教民”和“不愿意下地狱的教民”站起来，林肯两次都没有站。牧师于是问他：“大家都愿意将自己献给上帝，不愿意下地狱与魔鬼为伍，只有你一个人例外，你到底想去哪里呢？”林肯明白牧师此举是为了降低自己在选民中的威信，他回答说：“您提的问题很重要！我可以坦率地告诉您，我既不去天堂，也不去地狱，而要到国会去！”然后，林肯以竞选为题，大力向选民宣传自己的政见，不但赢得了选民的认可，而且他在不利的形势下将教堂变为竞选讲台的说话技巧也赢得了人们的喝彩。

2. 通过问题转移

设置一个问题是常用的聊天技巧。当原话题无法继续下去时，适时提出来一个新的问题，可以将谈兴及时转移到另一个话题上。

例如，两个同事一起喝酒，甲同事喝醉了，就问乙同事：“昨天 XX 是什么意思？明明这个方案领导都同意了，他还给我摆困难、提条件，他这是不是故意为难我？是不是对我有意见？”乙同事不便发表意见，就提了一个问题转移甲同事的话题。他问：“咱公司又发生了一件事你知道不知道？”然后自然将话题引到另一件事上。

通过设置问题转移话题，其作用与“由此及彼，自然过渡”法相似，只是过渡的媒介不是某一件事，而是一个问题而已。设置问题的好处在于，当聊原话题进入死胡同时，新问题会令大家产生“这个问题与刚才那个话题有什么关系”的好奇心，注意力很容易被吸引过去，从而起到新旧话题自然衔接的作用。也许会有人好奇：我们正在谈论 A 话题，怎么就转到 B 话题上了呢？但只要人们对新话题产生了兴趣，这个疑问就已经不重要了。

3. 根据周围环境，随机应变

有时候，从 A 话题过渡到 B 话题的媒介不太容易找到，这时候就要调动周围一切可用的资源，及时化解不利局面。

如《三国演义》中曹操与刘备煮酒论英雄时，曹操说天下英雄“惟使君与操耳”。当时的刘备力量很小，只能在曹营混口饭吃，如果他接着这个话题聊下去，就等于承认自己与曹操旗鼓相当，势必会引起曹操的猜忌和打压。所以，刘备初听曹操说这句话时，吓得筷子都掉了。恰逢此时雷声滚滚，为了打消曹操的疑虑，刘备从容地拾起筷子说：“一震之威，乃至于此！”曹操并未察觉刘备的惊恐，只是大笑着说：“丈夫亦畏雷乎？”刘备说：“圣人迅雷风烈必变，安得不畏？”

刘备以打雷为由及时掩盖了自己内心的恐惧，还给曹操留下“连打雷都害怕”的胆小印象。既及时转换了话题，又化解了自己的危机，非常有智慧。当我们需要转换话题时，也要细心观察周围的环境，灵活转换。如果在短时间内找不到可转换的话题，哪怕随口说一句“今天天气不错”，听众也能意会到你的真实态度。如果有人跟你一样不愿意继续刚才的话题，就会及时接上你的话；如果没人接你的话，别人至少知道你拒绝再谈老话题的态度，自然知趣。当然，这是下策。

转换话题的方法有很多。比如有提出异议法、答非所问转移法、引入第三者法等。重要的是转换要不着痕迹，自然顺畅，不破坏气氛。否则，不但起不到转移话题的作用，还会造成冷场。

而且要注意转转话题的时机，最好在即将冷场时转移。除非对方话题不当，否则不要在别人谈兴正浓的时候硬生生地转移。也不能在一些不重要的细节上节外生枝，偏离大家正谈得热火的话题。这些都是不合时宜的行为，容易引起别人的不适。

第三章

所谓有效沟通，就是彼此都感到舒心

有些人，我们与他一见如故，好像有说不完的话，聊不完的天。有些人，认识很多年依然没有话题，三言两语就把要传达的信息释放完毕了。这并非“话不投机半句多”，而是彼此的沟通不尽如人意。口才好的人之所以跟谁都能顺畅交流，不过是懂得让人舒心的沟通技巧。

▶ 展现你的亲和力

刘颖是某公司的中层管理者，她部门的一位女下属怀孕了，她知道后，马上重新安排对方的工作岗位。下属担心自己怀孕后收入会受到影响，就战战兢兢地找到刘颖表决心。刘颖说："将心比心，我十分理解你现在的心情。你放心！你的薪酬不会有任何变化，公司也不会将你辞退，而且会根据你的情况安排一些轻便的工作给你。"这番话如绵绵细雨，既打消了这名员工的疑虑，又使其对刘颖的安排感激涕零。在此后的孕期中，她工作比平常更努力，在岗位上一直坚持到临产前。

亲和力是促进沟通和交流的一种能力。在生活中，谈到亲和力，我们会想到微笑、握手、嘘寒问暖、柔和的语调、深情的注视等场景。当别人向我们释放这些信息时，我们的内心是愉悦的，至少不会排斥。良好的亲和力能使人感到信任，从而快速拉近人与人之间的心理距离，产生巨大的经济效益和管理效益。国外一些企业家非常注重员工的亲和力，有些行业，如服务业，还将亲和力当作从业人员必备的素质。在人际交往中，若想与他人维持良好的交际往来，就要有意识地培养自己的亲和力，善用亲和力对他人施加影响。

在人际交往中，我们该如何展现自己的亲和力呢？

1. 态度要谦和

一个研究生毕业后被分到县里一家研究所工作，成为该单位学历最高的人，他不免有些清高。有一次，他到单位后面的池塘钓鱼，遇到了两个同事，他只是跟他们点点头打招呼，并不打算聊。这时候，一个同事站起来，伸个懒腰后从水面上“飞”到对面，上厕所去了。研究生很惊讶，不过他不好意思问发生了什么。过了一会儿，另一个同事也站了起来，从水面上“飞”到了对面上厕所，研究生再次惊讶了，不过他仍然没问。又过了一会儿，他自己也想上厕所了，但如果不直接跨过池塘，就要多绕10多分钟的路。他放不下架子去询问两个同事，又不想多绕路，便学着他们的样子去踩水面，没想到一伸腿就栽进了池塘里。两位同事赶忙把他拉起来，问明原委后哈哈大笑。原来池塘有两排木桩，这两天下雨水面上涨，木桩在水面之下，大家都知道木桩的位置，所以可以踩着过去，而研究生并不知情，又不愿张口询问别人，这才栽了大跟头。

谦和是对他人的尊重。无论大人物还是小人物，无论富贵者还是贫贱者，都喜欢与态度谦和的人打交道，而不喜欢与架子大的人交往。所谓“满招损，谦受益”，讲的就是要以恭敬的态度虚心听取不同意见，充分尊重别人，发现别人的优点，而不要急着显示自己。在人际交往中，谦和还是进行有效沟通、增进友谊、提高自身吸引力的重要条件，粗鲁傲慢的言语则会树敌无数，妨碍交流。

2. 笑容要亲切

如果我们面前有两个人，一个笑容亲切，一个面若寒霜，你愿意同谁交谈呢？很显然，前者更能给人带来好感，后者则往往让人提不起什么兴趣。

笑容就像一张有感情的名片，哪怕不发一言，也传递了友好的信息。所以，当我们看到交流对象时，无论熟人还是陌生人，只要展示出自己亲切的微笑，他的世界已经向你敞开了一半。

有时候，当我们看到别人的微笑时，自己也会情不自禁地跟着微笑。这说明微笑可以传染，有使人心情变好的作用。当大家心情都好了，人与人的交往就顺利了，聊天氛围自然也就融洽了。

3. 心存关爱

一位妈妈把孩子领到一个山谷，对着大山喊："你好，你好！"山谷也回应："你好，你好！"

妈妈又带孩子喊："我爱你，我爱你！"自然，山谷也回应："我爱你，我爱你！"

孩子感到很惊奇，就问妈妈原因。妈妈说："朝天空吐唾沫的人，唾沫也会落在他的脸上；尊重别人的人，别人也会尊重他。因此，要学会时时处处尊重别人。"

对待他人的态度，又何止是尊敬呢？关爱也是。

有的人抱怨别人对自己态度不友好，不在意自己的尊严，不关注自己是否开心。此时应当放下埋怨，首先反思一下自己，是否设身处地为他人着想，是否真心实意地关爱他人。"将欲取之，必固与之。"只有对别人展现了高尚的品格，使对方心里产生爱的反响，才能得到同等规格的关爱，引发爱的"合唱"。关爱别人，其实就是在关爱我们自己。

4. 气度豁达

当遇到分歧时，如果你一定要与对方雄辩一场，争个你死我活，即使你赢了，也难免会失去亲和力。

当对方已经意识到自己的错误时，你依然对其冷嘲热讽，或者一再强调他的错误，得理不饶人，同样也会失去亲和力。

一个有亲和力的人，一定是一个宽容大度的人，有气魄，有胸怀，有度量。以“大事化小，小事化了”或“求同存异”的态度对待分歧，显然更容易营造轻松愉快的人际环境，保持人际关系的和谐。小心眼、斤斤计较、得理不饶人，只会令其陷入与他人的摩擦中，更容易遭到排挤，哪里还谈得上亲和力？

5. 注意声音的修饰

一位波兰明星去美国演出，她用波兰语抑扬顿挫地进行了一场表演，尽管很多美国人听不懂波兰语，但也从她的语调中感受到了她的情绪。演出获得了成功。

声音能增加语言的感染力和吸引力，增强亲和力。想让别人享受和我们的交流，就要有意识地训练自己的声音。

一般来说，当我们心情愉快时，声音是明快的；当我们不开心时，声音是黯淡的。要想引起对方情感上的共鸣，就要灵活运用声音的色彩，唤起别人谈话的热情。

音量也是我们应该注意的方面。一般尖锐的高音说明一个人内心紧张，当我们内心平静时，说话才能够抑扬顿挫，表达出丰富的内容。

发音也很重要。准确的发音有助于我们精确表达自己的思想，自信面对谈话对象。想要达到这一点，平日里我们可以跟着播音员进行练习。

语调反映了一个人的内心情感。令人舒服的语调能准确地传达合适的情绪，起到感染别人的作用。你不妨录下自己高兴、愤怒、惊讶、怀疑、激动等时候的声音，对比语调的不同，然后在相应场合运用符合时宜的语调，让别人感受到你的态度。

除了以上五个方面，我们也可通过其他方面来培养自己的亲和力。比如说话时温和，所用言辞平和，一举一动大方得体等。总之，我们在交谈中所渴望的被尊重、被重视的感觉，别人也同样渴望，将我们所希望得到的那些也赋予别人就对了。

▶ 别忘了你的微笑

沃尔玛百货公司在全球27个国家开设了超过10000家商场，每周光顾沃尔玛的顾客达2亿人次。为了吸引顾客，创始人沃尔顿先生提出了“三米微笑”原则：当顾客走近三米范围内时，员工要看着顾客的眼睛微笑，询问顾客是否需要帮助。而且微笑时必须要露出“八颗牙齿”，因为人的嘴在露到八颗牙齿时，微笑是最完美的。

心理学研究表明，微笑与个人形象有直接关联。一个面带微笑的人往往给人热情、乐观、进取的印象，反映着人的内在精神状态。在快节奏的今天，如果一个人经常保持微笑，以温和的形象示人，那么就会给周围人带来欢乐，受到欢迎。

1. 微笑是关爱

除了诚实，还有什么简单、容易、不需花钱又行之有效吸引顾客的方法呢？ 1929年经济危机时期，希尔顿研究了好久，才找到秘诀所在：微笑。他要求每个员工都将“你今天对客人微笑了吗”作为自己的座右铭，不厌其烦地要求员工别把心中的苦恼摆在脸上，无论遇到什么困难，都要微笑面对顾客。通过微笑服务，希尔顿旅馆的接客能力增加了，不但顺利度过经济危机，而且在全世界营造起自己的“旅馆帝国”。如今，希尔顿已成为世界“旅馆帝王”，希尔顿所著的《宾至如归》一书，最核心的内容就是：一流设施，一流微笑。

微笑是一种国际礼仪，面带微笑是世界各地的人们进行情感沟通的一种有效手段。正是由于能传达友好，令顾客感到被关爱，微笑才成为服务行业从业者的名片，练出迷人的微笑如今已成为每个从业人员的必备基本功。

没有人喜欢跟一个终日满面寒霜的人交往，因为这会带给人消极的情绪，而微笑则恰恰相反。人与人之间若都能以微笑示人，就能时时传达愉悦、欢乐、幸福之情，令人变得积极向上。所以，无论是对家人、朋友、同事、客户，还是陌生人，我们都应保持微笑的沟通状态。

2. 微笑是包容

公交车上别人无意踩了你的脚，歉然说“对不起”时，你可以微笑着说一声“没关系”，这是发自内心的不介意。

当孩子把玩具丢得满地都是，你可以微笑着摇摇头，再帮他捡起来，这是豁达，是迁就，是爱。

当面红耳赤的下属准备接受你的批评时，你微笑着点出问题所在，这是大度，是理解。

当顾客误解你，甚至愤怒地指责你时，你微笑着上前解释，这是谅解，是坦然，是包容。

…………

无论遭遇多尴尬的事，一个微笑，一句良言，就能调节凝重的气氛，化解所有的委屈，传达出温馨、友好，在有效缩短彼此距离的同时，也能够展露出自己豁达的气度。

3. 你会微笑吗

微笑是人际交流中最简单、最有效、最能激发彼此之间善意的沟通方法。可同样是微笑，有的能让人如沐春风，有的却让人感到莫名其妙，还有的笑得很勉强，是干笑、冷笑、皮笑肉不笑。喜庆的笑容应该是“眉开眼笑”，眉毛是舒展开的，面部肌肉是放松的，嘴巴是咧开的，上排牙齿微露。

想要笑得令人舒服，就要经常练习，从而形成最佳微笑表情。

可以试试发“引”这个音节。每天坚持练习，慢慢就会形成肌肉记忆，微笑就能成为习惯。

也可尝试咬筷子训练，具体步骤如下：

（1）用上下门牙轻轻咬住筷子，使嘴角高于筷子。

（2）嘴角最大限度地上扬，可借助手指按住嘴角向上推。

（3）拿下筷子，以能看到上排八颗牙齿为宜。此时嘴角就是你微笑的基本脸型。

（4）再次轻轻咬住筷子，发出“Yi”的声音，同时嘴角反复上下运动，持续练习 30 秒。

（5）拿下筷子，再次察看自己微笑时的基本表情。双手托住脸颊向上推，并要发出声音，反复数次。

▶ 让别人能接住你的话，不做话题终结者

春节时，小飞经人介绍认识了晓琳，两人彼此感觉还不错，便开始交往。春节过后，两人回到原单位继续上班，因是异地，二人常用微信沟通。可三个月后，晓琳决定中断这段感情。

因为小飞每次都问同一句话："你在干吗呢？"即便晓琳已经告知他自己在做什么了，在两人没有话题可聊的时候，小飞仍然会突然冒出一句"你在干吗呢"。时间久了，晓琳就不耐烦再回答这个问题了，毕竟有时候她也很忙，总不能把自己生活的点点滴滴都告知他吧？慢慢地，她觉得小飞很无趣很无聊，不会聊天，就不怎么搭理他了。然后，他会打个电话过来，问一样的内容："你在干吗呢？"

晓琳快要疯了！

"你在干吗呢？"——这是一个将话题带向死亡的终结式问句。你让别人怎么回答你呢？不厌其烦告知自己正在做的事？还是甩一句"我在干吗关你什么事！"

现实生活中，很多人用了终结式语句却不自知，如果你遇到了下面这两个场景，说明你已用了终结式语句：

①大家聊得很开心，你说了一句话，然后大家突然沉默不言。

②别人谈兴原本很浓，跟你聊着聊着，突然不愿意多说了。

这两种场景有一个共同特点："天"被聊死了。

可是，好好的，为什么就聊不下去了呢？这就要看你说了什么。

除了"你在干吗呢"，下面这些句子也同样是聊天的终结式语句：

“嗯。”（或“哦”）

“好。”（或“好的”“对哦”“没错”“知道了”“明白了”等肯定式回答）

“你多大了？”（或“工资多少”“家里几口人”“有没有女朋友”等盘问别人隐私的问题）

“我今天……”（或“我的……”“我家……”等只说自己的语句）

这些语句的实质，是无法或者不想提供对方期待的回应，让别人想接话也接不下去，只能作罢。这是一种破坏聊天、破坏人际关系的不好做法。

怎样才能避免把“天”聊死呢？我们从下面三种聊天模式中，也许能发现问题所在。

第一种模式：

A：平常你喜欢做什么？ B：喜欢看电影。A：哦。

第二种模式：

A：平常你喜欢做什么？ B：喜欢看电影。A：看来你是一个感性的人呀！

第三种模式：

A：平常你喜欢做什么？ B：喜欢看电影。A：那你喜欢看什么类型的片子呢？

如果你是 B，你肯定不希望遇到第一种对话模式，因为它不具备可延续性。现在，我们来学一些能确保自己说的话可以被别人接下去的句式。

1. 给出是非型提问

如：“你觉得好不好？”“这样行吗？”

这类问题对方一定会回答。如果对方善于聊天，他不但能给出肯定或否定的回答，而且会解释一下，聊天就能继续。即使对方不善于聊天，只能给出肯定或否定的回答，你也能从他的回答中导出新的话题，话题依然能继续。

2. 给出开放型提问

如：“你觉得如何？”

这个提问给了对方回答的空间，话题也很容易展开。为了避免对方陷入长段独白使聊天气氛沉闷，可以插入一句“为什么”“然后呢”，鼓励对方继续讲述。

3. 不要把话说完

跟人聊天的时候，最好不要做陈述性或总结性对话，如“这地方真不错，交通……，环境……，周围……，还有……”

你一次性地将所有话都说完了，别人除了“对呀”“是呀”，还能说什么？要给别人留出说话的机会。哪怕你的确知道所有事，也不要急着表达。当你自作聪明地认为自己无所不晓的时候，别人已经烦不胜烦了。擅长聊天的人，总是鼓励别人谈论他们自己的想法。

4. 善用反问和补充

如果别人用了陈述性或总结性语句，你又不想终结话题，可试试反问句。

例如别人说：“你在这里上班超过十年，真是不容易呀！”

如果仅仅回答一句“是啊”，就会造成话题的终结。此时可反问对方:“你知道我是怎么走过这十年的吗？”话题就又延续下去了。

例如别人说：“你是 1995 年生的吗？”

如果你仅仅回答一句“不是”，也会造成话题的终结，此时可补充一句：“我是 1993 年生的，那一年发生了……”补充的新信息使话题又延续了下去。

5. 别把话说死

中国人喜欢说“凡事留一线，日后好相见”，生活中许多事是不适合用“是”或“不是”来回答的。聪明的人善用含义广泛的模糊语言增加话语的弹性，而不会用“一定”“绝对”等毫无转圜余地的词。最后，让我们看看聊天高手是怎样将话题继续下去的：

A：Hi，最近忙什么呢?

B：没什么，在改一个方案。

A：什么方案呀?

B：一个新项目，比较急，所以加班赶一下。

A：做得怎么样了，一切顺利吗?

B：还行，做差不多了，再改一遍就好了。

A：那就好。我之前也是，遇到新项目就要熬夜赶方案。你这是新品发布会的项目吗?

B：是啊，就是下周五那个发布会，你看到消息了?

A：对啊，这次还是 X 总发言吗?

B：是的，今天已经跟他排练过了……

A：真辛苦！这次是在北京吧?

B：对，已经在会场旁边订了酒店。

A：周末能回来吗？回来我请你吃顿饭……

▶ 改掉不良说话习惯

小赵骑着电动车过马路时，左手边突然冲出来一个骑电动车的女子，车速很快。小赵是正常行驶，为了预防撞车，她伸出胳膊摆了摆手，嘴里嘟囔着："你在闯红灯啊，神经病！"说完这句话，她已经骑到了马路对面，这时她听到远处传来一个愤怒的女高音："你才是神经病！"过了好大一会儿，小赵才反应过来那是在骂自己。她很气愤，明明是对方闯红灯，竟然还敢骂她，如果不是那个女子已经走远了，她觉得自己真有必要上前理论一番："为什么你这人的素质这么低呢？"

小赵不自知，我们却能轻易看出：虽然闯红灯的女子不对，但小赵自己也有不当之处：在公共场合喊一个陌生人"神经病"。这就牵涉到说话的不良习惯问题。

容易为大家忽视的不良说话习惯，一般有以下几种。

1. 讲粗话，出言不逊

有的人遇到气愤之事时，话语中不自觉就带上了粗话，既不文明，也不雅，也许自己并未意识到，却会给他人留下没有修养的印象。一旦养成讲粗话的习惯，不论是否遇到了令自己愤慨的事，都会下意识地用粗话宣泄情绪，以至于"出口成脏"。

想要克服讲粗话的习惯，首先要找出自己使用频率比较高的"粗话"，请熟悉的人监督。同时，还要养成讲一句话略微停顿 2 秒的习惯，改变原有的习惯反射，避免延续原来的坏习惯。

2. 不要频频使用口头禅

口头禅是一个人在有意或无意间习惯说的话，如"无聊""随便”“差不多吧”“神经病”“这个”“那个”“可是呢”等。有时候甚至是无意义的词汇，如“嗯”“哦”等。一些人并不认为口头禅是坏习惯，但口头禅其实也是一种个人标志，很容易使人将其跟你本人画等号。如一个经常说“没劲”的人，会让人感到他的颓废和毫无追求。在一些正规庄重的场合，口头禅的过多使用还会影响正常表达。

如果不确定自己说话时是否带有口头禅，可以先将自己的声音录下来，找出其中使用频率比较高却又无意义的词，然后提醒自己以后说话时克制使用。养成平常朗读的习惯，或者跟着广播、电视中的播音员说话，养成清楚、流利地表达自己思想的习惯。

造成口头禅过多的原因之一是对将要讲的内容不熟悉，需要借助口头禅来获得一些思考时间，如“这个”“那个”“可是呢”等。这种情况可通过事先默讲的方法熟悉一下内容，在正式讲话的时候就能有效避免。

3. 讲话时无意义的肢体语言过多

有的人讲话时会无意识地带一些小动作，如噘嘴、歪嘴、抓头发、抠指甲、抖腿、摸下巴、拉耳朵、眨眼睛等。这一方面会使听者被你的动作所吸引，忽略你讲话的内容；另一方面，一些无意义的小动作还会令人感到不适，比如抖腿，会给人留下不稳重的印象。

可以将自己讲话时的场景录下来，观察是否存在明显的无意识动作，然后有针对性地纠正。

4. 动辄大惊小怪

有的年轻人，尤其是女性，遇到一点小事就喜欢发出尖锐的叫声，好像遭遇了非常不可思议的事。这也是不礼貌的行为，会影响到周围的人，也会让当事人很尴尬——我明明什么都没做，现在你引得大家都看向我们这边，多难为情！

所以，与人交流时要自然放松，同时压低自己的嗓门，避免影响第三方。

5. 不要随便打断别人的话

当别人正在发表自己的见解时，不要随便打断他，即使你说得很对，也会让人觉得你不懂得尊重人，没有耐心，急于表现自己。如果你打断别人只是说些毫无意义的话，甚至是发表一些错误的言论，别人的反感会更甚。

最好的做法是，等别人完整地表达完自己的观点后再做补充。如果有非常重要的信息需要传递，你不得不打断对方，也要注意技巧，以免引起说话者的不适。可用下面的句式做中断：

①不好意思打断一下，因为……

②对不起！能说慢点/说清楚点/说大声点/重复一遍/举个例子吗？

③我可以打断一下 / 补充一下吗？

一定要记得：在没有插话之前，一定要先表达自己的歉意，征得对方同意后再传达你的信息，不要直接粗暴地插入。

除了以上五点，其他坏习惯也需要注意，如在交谈时总把“我”挂在嘴边，以自我为中心。一切交流都要以大家觉得舒适的方式进行，避免坏习惯影响交谈气氛，影响彼此的沟通。

▶ 常说“谢谢”，常怀感恩

一位女士抱着孩子上了公交车，车上没有人让座，售票员这时候说：“小朋友过来，这边的叔叔会给你让个座！”旁边的小伙子只好站了起来，抱孩子的女士一屁股坐了上去，小伙子表情很冷漠。抱孩子的女士这时候对孩子说：“叔叔刚才给你让座呢！快谢谢叔叔！”孩子马上说：“谢谢叔叔！”小伙子的脸色马上阴转晴，连连说：“没关系！没关系！”

“谢谢！”这句话虽然简单，但像一句魔咒一样，能令冰冷的人际交往瞬间升温，使冷漠的人心瞬间融化。一声发自内心的感谢，不仅是回馈助人者的基本礼仪，也是良好人际交往所需的基本素质。常怀感恩之心，你的生活就会充满阳光。

1.“谢谢”是对他人价值的认可

小伍的工作出现了失误，他连续加班几天都未能弥补之前的遗漏。这时，一个同事主动过来帮他，两人合力，很快就完成了工作。小伍感激地对同事说：“这次多亏了你的帮忙，否则我一个人真的搞不定。好容易忙完了，一起去吃个饭吧！”两人吃了一顿饭，关系变得更近了，彼此在工作往来上也比之前更默契了。

当你需要支援时，别人及时提供了帮助，此时道一声“谢谢”绝非客气之言，而是你对别人热心帮助的回应，是尊重和肯定别人价值的“妙语”。对方肯定也认为自己所作所为是有价值的，连句“谢谢”都没得到，别人会想：难道我帮错忙了吗？难道我添乱了吗？所以，你的感谢对他而言是一种肯定、一种尊重。一旦双方对助人价值产生共鸣，人与人之间的心理距离就拉近了，交际氛围也会因此变得更加友好和谐。

更重要的是，一个心怀感恩的人，必然是知恩图报的，当下次同样的事情发生时，别人还会愿意提供帮助。试想，别人劳心劳力帮了你，却连句“谢谢”都没有得到，更别提回报了。对于这样“不知好歹”的行为，下次遇到同样的事情，别人还会伸出援手吗?

无论别人的帮助是大是小，请都记得及时说声“谢谢”。一声“谢谢”，是你对别人价值的最好肯定，是你“知好歹”的表现。

2.“谢谢”是沟通人心的桥梁

学生时代，我们都有借同学笔记（或书、文具等）的经历，而且通常互借：你借我笔记，我借你资料，互帮互助，共同努力。如果一个同学只肯借入，不肯借出，还有人愿意与他交往吗?

其实所有的人际关系都是这样的：有来有往。而“谢谢”就是开启这种来往的“金钥匙”，起着沟通人心的作用。

当你遇到麻烦时，原本没有义务帮助你的人伸出了援手，此时你的致谢不仅是口头上的一句“谢谢”，更代表了你内心的感恩。因为“知好歹”，所以懂回馈。人际互动就在“帮助与回馈”之间展开了，你们的关系也必然因此发生变化，彼此的心灵距离也在不断互动中不断缩短。从这个意义上来说，“谢谢”还是增强沟通、增进感情的促进剂。

天下没有免费的午餐，也没有理所应当的助人为乐。一个连“谢谢”都不肯说的人，谁敢指望他会有所回报呢？当帮助变成毫无回应的单方奉献，人际交往就会变成单方向的活动，无法形成互动，更无法打动人心。

而且，心理学家研究发现，人与人之间存在“互酬互动效应”，即你以何种心态和行为去对待他人，别人亦会以同样的方式给以回报。当你怀着感恩的心态与别人交往时，别人也必然投桃报李，感恩着你的感恩，给你再次感恩的机会。如此，友好和谐的良性人际交往关系便形成了。

3.“谢谢”无处不在

中国人不擅长说“谢谢”，孩子对父母的付出习以为常，夫妻对彼此的付出熟视无睹，朋友之间“大恩不言谢”，“谢谢”一词在同事之间、陌生人之间反倒出现的频率更高。熟人之间说“谢谢”，反而好像生分了。

其实我们无论与谁相处，在得到别人的帮助之后，都应该致谢。对于家人，如果无法做到事无巨细地致谢，不妨挑选一个特别的日子，如除夕夜、结婚纪念日等，来表达内心的感激，这样会让感恩更具仪式感。对于熟人，如果不好意思说“谢谢”，至少要在行动上有所表示，证明你对他 / 她的支持是心怀感恩的。毕竟，人与人之间多一些感恩，就多一份理解，多一份温馨。

对上司、同事、陌生人等人的帮助，除了事后立即发自内心地说声“谢谢”外，如果是重大帮助，我们还要用一种比较正式的方式表达自己的谢意。比如请对方吃饭、喝酒或者送上一份适当的礼物等。如果是吃饭、喝酒等，要选择适当的时机，以示重视。

总之，千万不要忘了对身边的人表达谢意，无论朋友还是同事，爱人还是陌生人，都不能将其对自己的帮助视作理所当然。感恩无处不在，“谢谢”无处不在。

第四章

沟通就要真诚，心里装着别人就能顺畅交流

沟通是人们交流思想、交流感情的重要途径。想要与人融洽相处，就要把话说到他的心坎里。打动人心的话，无疑是最具情感价值的话，请在言语中释放你的善意、友谊、爱意、关心、尊重……

▶ 聊天的最高境界：情感共鸣

伽利略从小想当一名科学家，但父亲并不支持他。有一天，他问父亲："你为什么要和妈妈结婚？"

父亲说："我只喜欢你的妈妈。那时候有一个富家小姐追求我，可我一点儿也不喜欢她，唯独喜欢你妈妈。"

伽利略便说："因为你喜欢我妈妈，所以与她结婚。现在我也面临你当时的处境。我爱科学，就像你爱妈妈一样。除了科学，我不爱别的事业，它们对我来说就像妈妈之外的女人。"

父亲虽然不同意将婚姻与事业相提并论，但不得不承认伽利略的话有道理，最终同意了他的决定。后来，伽利略成为举世闻名的科学家。

伽利略以婚姻为切入点，看似与自己要表达的观点无关，却充分调动起父亲的情感，然后再将话题引到自己的事业上，转而让父亲支持自己。他说服父亲的这一过程，就使用了"情感共鸣法"。

《简明心理学辞典》中说，情感共鸣是"在他人情感表现或造成他人情感变化的情境（或处境）的刺激作用下，所引起的情感或情绪上相同或相似的反应倾向"，我们以攀认老乡的方式寒暄、讲别人感兴趣或大家都熟悉的话题，目的就是与对方产生相同的情绪体验，拉近彼此的心理距离，促进沟通。

对比下面两个对话场景，想象接下来的交流：

一个业务员周末想约见某单位负责人。

场景一：

负责人说：我这个周末要去打球。

业务员说：我不喜欢打球。

场景二：

业务员说：周末你有活动安排吗？

负责人说：周末我要去打球。

业务员：我也喜欢打球。你通常都去哪里打球？我们约个时间一起打怎么样？

…………

显然，场景二更容易促进沟通，一问一答中就引发了共鸣，产生了沟通的桥梁。场景一中，业务员直接中断了自己和对方的连接，缺乏共同点，对话很快就结束了。

情感共鸣是聊天的最高境界。当我们通过语言成功地引起他人的共鸣时，他就能笑我们所笑，悲我们所悲，赞同我们的话，认同我们的观点，他的情绪也会随着我们的情感变化而变化。这时候，我们就能迅速打开对方心扉，走进对方的内心世界。

怎样引起别人的情感共鸣呢？

引起共鸣的因子无非两种：共同的经历，共同的情感。加深双方的共鸣感，需要围绕着这两方面，这里介绍五种方法。

1. 聊一些感性话题

当我们跟聊天对象不熟悉时，是很难发掘大家的共同经历的，这时候不妨从发掘共同情感入手。感性的话题，如与美食、音乐、旅行、电影等相关的情感经历，更易唤起别人的共鸣。比如，你可以讲川菜带给你的麻辣感受，某个地方的旅行经历如何令你难忘，某部电影怎样打动了你等。即使对方没有吃过川菜、到某地旅游过或是观赏过某部电影，听了你的表述也能理解你的感受，产生共鸣。

注意不要谈论那些理性话题，如某首歌用了C调二拍，某部电影某个镜头的蒙太奇手法，自驾游所用车的性能参数等。这些就是理论性很强的理性话题，除非对方主动提出或是这方面的发烧友，一般自己不要主动提起，万一别人听不懂，这场谈话就会变成你个人的独白。

2. 将精力放在共鸣话题上

当遇到一个大家有共鸣的话题时，彼此可分享的事情比较多，这时候就可暂放其他无关话题，将精力主要放在这个大家有共鸣的话题上。

比较好的做法是，先让对方讲述自己的经历和故事，然后再慢慢讲述自己的经历，让对方发现“原来我们还有这样相似的经历，好有缘分！”不要急着分享自己的经历，把说话的机会留给对方，这样更容易掌握话语的主动权。

例如，当大家都去某地方旅游过时，可以问对方：“你是几月份去的？”当别人回答后，可以顺着他的话题说：“×月份天气比较凉爽，你们玩得咋样……”引导对方说下去。

3. 出现分歧时，求同存异

即使是相同的经历，也可能会产生完全不同的情感体验。例如某家餐厅，甲去吃过一次，感觉环境干净卫生，食物口感不错。乙去吃过一次，认为食物一般般，环境太嘈杂。遇到这种情况，就讲大家经历和情感相同的部分，差异太大的部分不要过多提及，避免争执。如果对方所讲刚好是你感受不佳的地方，以求同存异的心态接受对方，尊重他的感受，不要一味阐述自己的想法，否定对方的感受。

4. 分享一些糗事

如果不熟悉对方，分享自己的糗事要比分享那些积极正面的事更容易引起共鸣。积极正面的事如果讲述不当，很容易给人留下“吹牛”的印象，即使对方相信，也可能会表现得不以为然，最多表示崇拜，不容易产生互动。但糗事却比较独特，每个人都有糗事，更容易产生共鸣，而且你能将这么私密的经历分享给对方，说明不把他当外人，对方会因此更相信你的真诚。

例如，同样是分享旅游的经历，当别人讲述游玩的快乐时，你可以说：“我就比较倒霉了，上山的时候还晴空万里，下山时却下起了暴雨，淋了个落汤鸡！”这会令对方很庆幸自己的旅程中没有遭遇这些，从而激发对你的同情，拉近彼此的距离。

如果对方的糗事与你的糗事相似，比如原生家庭环境比较糟糕，还能让对方产生“同是天涯沦落人”的感觉，更容易认同你。

5. 疏导对方的情绪

当我们与对方没有共同经历，也没有共同情感时，不妨先关注对方的心情，试着感受对方的情绪。

可以主动询问对方：“你心情 / 感觉怎样？”如果对方不愿意说，我们可通过倾听来分析和判断他的情绪，了解他的这种情绪的起因，然后以向对方求证的方式去感受，而不要用肯定的语气去断定对方发生了什么。接着肯定对方情绪的起因逻辑，告诉他“你这样想是对的”，让对方感觉你是设身处地地替他着想，再分享自己遇到相似事件时的反应，让对方感到“遇到知音了”。最后对他进行积极的情绪引导，帮助他走出负面情绪的阴影。当成功完成这一整套情绪梳理流程后，我们就能与对方达成深度情感共鸣。

总之，大家的共同经历和情感越少见、越独特，共鸣感就越强。如果你能使对方产生“终于找到知音了”的感觉，你们接下来的聊天就会很融洽。

▶少说“我”，多说“我们”

十月革命胜利之初，对沙皇怀着刻骨仇恨的农民们要求烧掉沙皇宫殿，无论代表们怎么劝说，农民们都坚持要烧掉。最后，列宁亲自出面接见了农民们。

列宁说：“可以烧。烧之前，我们能不能先思考几个问题？”

“当然可以。”农民们说。

列宁问：“沙皇的宫殿是谁建造的？”

农民们说：“是我们建造的。”

列宁又问：“我们自己建造的宫殿，不让沙皇住，让我们的代表住好不好？”

“那当然好了！”

列宁最后问：“那么现在，我们还要不要烧宫殿？”

为什么要烧掉“我们的”代表居住的宫殿呢？农民们改变了想法。

美国《福布斯》杂志上曾发表过一篇关于“良好人际关系的药方”的文章，其中有这样一段话：

交流中最重要的5个字：我以您为荣！

交流中最重要的4个字：您怎么看？

交流中最重要的3个字：麻烦您……

交流中最重要的2个字：谢谢！

交流中最重要的1个字：您！

以上五句话的共性在于，都将对方放在首要位置，忽略自己。

这是因为，人类从婴儿时候起就认为自己是生活的中心，任何东西都是“我的”，世界上其他事物都是为“我”服务的。长大后，人类仍然保留着这些思维习惯，凡事本能地会想：“这和我有什么关系？”所以，要想聊到别人心里，就不要总想着自己，而要多以“您”“你”等字为中心展开交流，即使需要出现“我”，也要用“我们”代替。

1. 把“您”放在重要位置

小曹是一家电器公司的售后人员，负责处理客户使用产品过程中产生的各种问题。有一天来了位年轻女士，她气冲冲地质问小曹：“你们卖的什么破音箱？我花了几千块钱买了一台音箱，还没用几天，就没有声音了。退货！”

小曹微笑着说：“您别生气，我们大家都是受害者呢！您先别着急！单据和音箱都带来了吗？我们先与厂家协调一下，看看这事他们怎么处理……”

那位女士听到这里不再发脾气了。工程师检验后发现，问题是由于客户的不当使用造成的，便在小曹的帮助下帮她重新调整好，客户不好意思地回去了。

小曹一开口就提到“您”如何如何，表示出极大的尊敬，在必须提到自己的时候又说“我们”如何如何，表明自己与客户立场相同，无形中将自己和客户放在了“统一战线”，拉近了彼此的距离，浇灭了客户的怒火。

试比较客户如果听到下面的话反应会如何：“带单据和音箱了吗？让我看看！能退我就给你退，不能退我得找厂家协调……”

聊天最忌只谈自己，忽视对方的存在。我们应随时注意听者的态度与反应，如果对方已经表现不耐烦甚至已经愤怒，应立即刹车不再说“我”，将话语权交到对方手里。

2. 不说“我的”，而说“我们的”

妻子正在数落她的丈夫。她说：“我现在终于认识你了，你是个自私自利的家伙！你张口闭口总是我的油画，我的工资，我的衣服，我的我的……好像家里没有一样东西不是你的。你记住，你如果不改掉这个坏毛病我就跟你离婚……喂，你在立柜里乱翻什么？”

丈夫回答说：“我在找我们的裤子。”

这个笑话告诉我们，一个家庭中，如果只有“我的”和“你的”，那就没有“我们的”了，夫妻关系便会出现危机。

推而广之，人与人的交流中，最好不要有“我的”“你的”这类表示所属关系的代词，否则无形中会割裂人与人之间的关系。而把“我的”改为“我们的”，你并不会有任何损失，还更容易赢得对方的认同，促进彼此的交流。

如我们经常看到记者这样与受访者说话：“请问咱们这个小

区……”“我们的工作是不是……”“让我们……”诸如此类的表达方式，可以让受访者感觉更亲切，似乎大家都参与其中了，相对就容易产生共鸣。但若用“你们”如何如何，就很容易造成记者与受访者的对立，不利于进一步交流。

总之，人与人和谐交流的根本，在于两颗心的互相靠拢。一场聊天中，应该是只有“您”和“我们”，而没有“我”。强调太多自己的事，会给对方留下突出自我、标榜自我的印象，无形中就在自己与对方之间筑起了一道墙，影响大家更好地认识彼此。

当然，如果是消极的、负面的事，一定要用“我”字开始。如“这都是我的错”“是我的责任”，而不能说“这都是我们的错”“是我们的责任”。

▶ 说实话，真情实意最动人

心理学家做过这样一个实验：列举了上百个描绘人类品性的词语，然后请人们根据自己的喜好选择。统计结果显示，最受欢迎的前八个分别是：真诚、诚实、理解、忠诚、真实、诚心、理智、可靠。其中四个都与“诚”有关系。而最不受欢迎的人类品性中，“虚伪”位居第一。由此可见，人与人的交往，真诚是非常重要的品质。

古语说：“精诚所至，金石为开。”每个人都不希望自己被人虚伪地对待，都渴望知道对方的真实想法。同理，我们也要以诚待人，才能“以真心换真心”。

1. 实话比好话更重要

有的人很会说话，无论什么人都能跟他聊得来，很会讨人喜欢。

但深入接触之后会发现，他说的与做的并不一样，表面一套，背后又一套，舌绽莲花其实口蜜腹剑。你喜欢与这样的人打交道吗？

还有一些人，口才并不是很好，说话给人的感觉甚至憨憨傻傻的，或者口齿不清，但为人真诚善良，有一说一，有二说二，绝不藏私。那么，与上面舌绽莲花者相比，你更愿意与谁打交道呢？

显然，后者会让我们感觉更踏实。哪怕他口齿不清，表意不明，只要我们多些包容，大家一样能成为无话不谈的朋友。反倒是第一种人，无论与他聊天多么舒服，你心里始终有一个警铃在响：这个人很危险。

所以，说实话比说好话更重要，说什么比怎么说更重要。当然，如果你能在说实话的基础上说得巧妙一些，就更完美了。

2. 说实话是交心的基础

一位女士在一家鞋店买鞋子，发现有一双很漂亮的鞋子只卖50元，而这双鞋她在别的地方见过，当时因为价格太高而望而却步，今天这是怎么回事呢？

她问导购：“这双鞋子确实是卖50元吗？”

导购回答说：“没错，这只鞋与这只鞋加在一起，的确是50元，不过它们不是一双。”

接下来导购解释道：“这两双鞋子尺码、皮质、款式是一模一样的，但颜色有略微差别，一个稍深一个稍浅，如果不仔细看，是看不出来的。之所以会出现这种情况，是因为之前的顾客拿错了鞋子。”

导购最后说：“如果您知道真相之后不愿意买了，那也没关系，但这个事我要跟您说清楚。”

这位女士被导购的诚意打动了，最后她虽然没有买那双鞋子，却买了另外一双。而且此后她成了这家鞋店的常客，还发动亲朋好友来这里买鞋子。

人与人的缘分很奇妙，有时候我们认识一个人很多年，大家见面时仍然无话可谈；有时候我们与一个人相识不久，却能一见如故，无话不谈，而且彼此非常信赖。所以交友不是靠认识时间长短来确定的，而是看彼此能否聊得来。真诚就是交心和交往的基础，谁愿意跟一个满嘴虚情假意的人交往呢？

3. 说实话，才能进一步交往

日本企业家小池出身贫寒，没有钱求学，十几岁就当了推销员。有一段时间，他的机械设备销路很好，半个月就拿到了 25 个客户的订单。

有一天，小池无意中发现，自己公司的机械设备要比同行的贵很多，而两种机械的参数、性能差别并不大。小池心想：如果客户知道了这个消息，一定会认为我之前欺骗了他们，从而怀疑我的信誉。该怎么办呢？小池纠结了很长时间，最终良心战胜了理智。

小池带着合约书和订单逐一拜访那 25 位客户，如实告知情况，请客户考虑是否还要与自己履行合约。客户被小池的真诚打动，不但没有取消订单，还一致认为小池是一个值得信赖的人。这件事经大家口口相传，“诚实可靠，值得信赖”成了小池的“招牌”，还为他带来了更多订单。

说实话，不过是将事情原本的面貌呈现出来而已，没有什么高明的技巧。难就难在，我们的生活中有太多虚伪与谎言，实话反而成了稀缺品。所以说实话更能引起别人的好感，它是人们内心深处真实的情感，是人们所渴望知道的真相。为了鼓励这种行为，也为了自身的需要，人们更愿意跟喜欢说实话的人交往。

4. 说实话，说的其实是人品

北宋文学家晏殊待人以诚，深得宋真宗信赖。当时京城官员喜欢到郊外游玩，或者举行宴会，只有晏殊经常在家读书、写文章。宋真宗感其谨厚，想让他辅佐太子读书。不久，晏殊有了面圣的机会，宋真宗将任命的理由告诉了他。

晏殊回答说："其实我也喜欢宴饮、游玩，不过由于家贫，没钱出去玩，否则我早就参与其中了。"宋真宗被他的真诚打动，把辅佐太子读书的重任毫不犹豫地交给了他。后来，晏殊果然官至丞相。

当我们说实话时，别人听到了什么？

绝不仅仅是了解事实那么简单！事实上，当我们想要了解一件事的来龙去脉时，有很多方法可以达到目的，但都不及当事人自己说出来重要。

当我们听当事人说时，不但可以快速了解事情的真实经过，还可以从中观察到当事人对此事的态度。综合当事人的经历与他的态度，我们就能判断出他的人品，然后举一反三，推断当事人在其他事情上的态度，考虑未来交往的可能性。

我们经常用"知人知面不知心"来形容人心叵测，这时候就能看出一个品格诚实的人是多么难能可贵。

▶ 倾听，是对别人基本的尊重

三个妈妈聚在一起说话，其中两个妈妈在谈论幼儿园的伙食制度，想建议园长改善一下小朋友们的伙食。第三个妈妈一直打断她们的交流，并在言谈中强调“我家宝宝”喂饭多省事、多么喜欢吃饭、老师总是夸他等。另外两个妈妈很反感，后来她们相约找一个安静的场所聊这个话题，把第三个妈妈晾在原地。

第三个妈妈恐怕从来没有想过：当她眉飞色舞地谈论自己的孩子时，别人粗暴地打断她，转而扬扬自得地谈论自己的孩子，她会做何感想。

倾听是聊天的基础。人有两只耳朵，却只有一张嘴巴，就是要告诉我们，应该多听少讲。当别人正在谈论重要事情时，即使你有想法要说，也要认真倾听，等别人说完。这是对人最基本的尊重。聪明的人从来不会高谈阔论，而是注意别人的言语信息和非言语信息，充分了解他人的想法之后，再深思熟虑，一语中的。这就是智者寡言，君子“敏于事而慎于言”的道理。

1. 倾听也是一种沟通方式

世界上最伟大的推销员乔·吉拉德年轻时，有一天正要和客户签单，旁边的一个同事跟他提起了前一天晚上的篮球赛，他一边跟同事谈论一边签单，结果客户掉头就走，不签了。乔·吉拉德怎么也想不通客户为什么会突然改变主意，就给客户打电话询问。客户气冲冲地说：“在签单时，我跟你说起我的小儿子考上了密歇根大学，我们全家都感到骄傲。你一点儿都没听见，反而跟同事谈论篮球赛！”乔·吉拉德这才恍然大悟：原来自己没有认真倾听客户谈论自己最得意的小儿子。

拿破仑·希尔曾说过：“专心听别人讲话的态度，是我们所能给予别人的最高赞美。”与人沟通就要先让别人把话讲完，把想要倾诉的心里话说出来，这样我们才能更好地理解别人，促进良性沟通。如果不耐烦倾听别人的想法，想当然地做出判断，不但会错过他人要传递的“有效”信息，而且会错失拉近彼此情感、建立信任的机会，聊天自然不融洽。

所以，不要将倾听狭义地理解为“沉默地听别人说”，而要将其当作“听听别人说什么”的沟通方式，并加入自己的理解、感受、认知等，从而帮助别人完成信息的传达和感情的宣泄，为良性沟通打下基础。

2. 克服以自我为中心

有调查显示，与人聊天时，如果一个人在 1 分钟之内说了 12 个以上的“我”字，那么这个人通常是一个不受欢迎的人，因为他只以自己的主观意识做参考，不考虑别人。

同理，如果一个人正兴致勃勃地讲述自己擅长的话题，你突然插嘴，问一些你认为很重要但对他来说却毫不相干的问题，说话者绝对不会对你有好感。因为你只考虑自己的感受，没有顾及别人的想法。

人生在世，每个人都希望自己得到他人的尊重和爱，渴望有人聆听自己、接受自己的影响和判断。所以换个角度来说，大家都反感别人这样：以自我为中心，把自己的利益高居于他人之上，丝毫不照顾别人的感受。人与人之间之所以能形成和谐交流，不过是大家懂得彼此尊重，懂得为别人着想，给别人抒发自我的机会。

倾听，令人感到暖心，使说话者感到自己是非常重要的，自己的情感得到了照顾。

3. 不要打断别人的话

一个医生一边给患者把脉，一边请患者描述自己的症状。

患者说：“我有鼻炎，经常鼻塞，有时候塞得晚上都无法睡觉，一到秋季就鼻塞嗓子痒，而且一到……”

医生突然打断他的话：“别说了，去拿药吧！”

患者吃惊地说：“我症状还没描述完呢！”

医生说：“不就是鼻炎？你不说我也知道！”

患者很气愤：“你根本不知道我有多痛苦就武断开药，你这药看起来也不对症，不要也罢！”患者愤怒地离开了。

我们提倡倾听，并不仅仅是出于礼貌，更是为了让对方把想表达的意思讲完。在现实生活和工作中，只有先倾听别人的想法，才能将对方的主要信息提取出来，然后给予有针对性的回答，提高交流效率。如果不等对方表述完毕就急切地表达建议，不但容易引起对方的不快，而且会造成偏听偏信，说出不成熟甚至错误的话。

4. 不要抢别人的话

领导询问小贾的项目完成情况。

小贾说：“这个预计到下周三才能完成，因为甲方……”

同事小林却接过话来说：“甲方说咱的设计有点沉闷，要求改得更清新一些，所以我们广告部……”然后巴拉巴拉说了半天广告部的工作。

事后，小贾气愤地质问小林：“领导正问我项目完成情况，跟你有什么关系？你显摆什么？”

小林说：“我不是那个意思……”

那你是哪个意思？抢别人的话，归根到底是想表达出“我的话比你的话更重要”的意思，是一种极端自私和无礼的行为。

试想一下，在一个重要场合，我们正在分享自己精心准备的好点子，结果还没有说几句，就有人插话，而且还自鸣得意，感觉自己很聪明。这是多么令人讨厌的行为！我们可以理解他们抑制不住说话的欲望，但不能接受他自作聪明地将自己的意思嫁接到我们的话语之上的做法。遇到这种情况，我们只能提高音调，继续刚才的话题，或者干脆不再与这种只想表现自己的人交流。

如果说倾听可以让说话者感到愉悦，从而使彼此的心灵靠得更近，那么抢话就只是让抢话者自己感到愉悦，对说话者而言，心里是很不舒服的。毕竟，没有人喜欢畅所欲言时被人猛浇一盆冷水。

让我们引用著名主持人柴静的一句名言作为总结：

“我打破沉默的方法就是忘记自己，去倾听他人心底的沉默。”

▶ 别聊只有少数人才能听懂的话题

小关有个微信群，群成员是宿舍的四姐妹，毕业后大家也经常在群里说话。有一天，姐妹 A 在群里给大家推荐公众号。小关是新媒体运营编辑，忍不住在群里说起微信公众号的运营，刚好另外两个姐妹的工作也与新媒体相关，她们三人就开始讨论起新媒体运营的套路。姐妹 A 说：“你们都好棒呀，加油！”但大家只顾讨论运营的事情，没人回应她的话。姐妹 A 忍不住插话问：“什么是互推？”大家顾不上回答她，小关还说了句“不懂好好听就行了”。姐妹 A 感到自己受到了伤害，留下一句“我感觉自己受到了伤害”，就不再言语了。

可以想象，网络那端的姐妹 A，内心是真的不快乐。

1. 将别人排挤在外，是对别人的不尊重

无论现实中的聊天也好，通过社交网络的聊天也好，任何人都渴望得到尊重，不喜欢被忽视。那些在聊天中只关注自己而不顾及他人感受的人，其实是对别人的不尊重。

我们有时候会称赞一个人“待人接物面面俱到”，所有人都感到自己得到了妥帖的照顾。所以，我们才会一再强调，聊天一定要选择大家都熟悉的话题。如果一个话题只照顾到一小部分人，那些听不懂该话题的人无形中就会被排挤在外，这是一种非常没有礼貌的行为。

愉快的聊天应该是每个人都能畅所欲言，发表自己的见解，即使所述观点是错误的，至少还能让人“不服来辩”。讨论别人听不懂的话题，其实就是变相地限制了别人聊天的自由。也许你会说：“我没有限制他说话呀，想说就说呗！”这就进入了另一个怪圈：别人听不懂，插不上话，怎么聊？聊什么？

2. 别人听不懂，就无法进入良性交流

夏军是一个军事爱好者。2018 年，他看到“歼 -20”开始列装空军作战部队，忍不住对女朋友讲起“歼 -20”的隐身性能。说了半天，女朋友一直在纠缠“为什么隐身飞机可以用肉眼看见？隐身不是应该看不见吗？”他不得不从“雷达接收到的有用信号”讲起，可刚开始讲，女朋友又提了一连串问题：“难道雷达接收的信号还有无用的吗？什么是无用信号？什么又是有用信号……”夏军终于明白了什么叫作“鸡同鸭讲”，发誓以后再也不跟她讲军事话题。

其实夏军一开始就错了，他不该将一个小众话题当作谈资与丝毫不了解情况的人讲。如果非要讲，那这就不是一场能产生互动的聊天了，而是一场演讲，对方只能倾听，不能开口发表自己的见解——而且这是在能听懂的情况下，像夏军女朋友这种听也听不懂的人，聊天只能中断。

这个故事的聊天对象只有两个人，尚且难以进行下去，如果是在一群人中聊一个只有少数人能听得懂的话题，不但意味着将更多人排挤在外，而且会让说话者产生一种“曲高和寡”的感觉。只能感叹一句“知音难寻”，满腹话语却无人可言。

3. 有人说你“臭显摆”

过年回家，小高最大的感慨是“能愉快聊天的人越来越少了”，就连与他一起长大的发小，两人也聊得很尴尬。他和发小在中学之前一直形影不离。高中时他进了重点中学，后来考上985大学，又出国进修一年。发小从普通中学毕业后就南下打工了。当他对发小讲MBA与NBA的不同时，发小竟然半开玩笑半认真地说：“你少在我面前臭显摆！我难道不知道它们差十万八千里？”小高也觉得很郁闷。

当你选了一个别人完全不懂的话题时，也许你会瞧不起别人插不上话，认为自己是“对牛弹琴”，别人又何尝不认为你是在“臭显摆”呢？“曲高和寡”只不过是一种“自我感觉良好”，那些听不懂“曲”的人何尝不认为他在炫耀呢？

聊天最忌自说自话，如果将聊天变成了一场演讲，不给别人留话语空间，就会陷入自我沉醉式的独白，只能将“天”聊得又“沉”又“醉”，令人生厌。

所以，当我们寻找话题的时候，要在心中给自己设置一个“红绿灯”，自己说1分钟，也给别人说1分钟，而不是自己一直说，别人却无话可说。否则，聊天就不再是我们交流思想和情感的渠道，而成了你个人的“独角戏”。

第五章

不卑不亢，跟谁都能有效沟通

有的人，一在众目睽睽之下发言，就紧张露怯不自信；有的人，睥睨一切，话里话外只有自己。无论怯场还是目中无人，在人际交往中都容易吃亏。想要与人有效沟通，就要端正自己的心态，无论何时、何地与何人交往，都要做到不卑不亢，既不低声下气，也不傲慢自大。

▶ 不怯场，克服说话恐惧症

纪英的家乡在大别山深处，她之前从不认为自己是一个性格孤僻的人。可当她怀揣着大学通知书来到繁华都市时，却发现自己竟然不敢开口说话！她的家乡话与普通话相差太大了，当她用蹩脚的普通话问同学新生报到处在哪里时，别人虽然没说什么不礼貌的话，但她从对方的眼神中看到了自己的卑微。新生入学的第一天，全班同学都要走上讲台进行自我介绍。纪英是最后一个上台的，她结结巴巴地报了一下自己的名字和家乡，就匆忙下台了。她感到大家都在背后叫她“小结巴”，从此更不敢开口说话了。这直接影响了她的学习和生活：她不敢跟同学交流，每天独来独往，朋友很少。上课都坐在角落里，也从来不敢主动回答问题，性格越来越孤僻。直到第一学期结束，她回老家向父亲谈到自己的大学生活，被父亲鼓励了一番，才逐渐好转。

性格内向的人，一怕在公共场合发言，二怕与陌生人、异性交谈，常常在讲话时会心跳加剧，语无伦次，严重时甚至全身颤抖，嘴角哆嗦，说话结结巴巴。这样糟糕的经历会令其越发害怕在公众场合说话，不得不把自己封闭起来。如果不及时纠正，不但无法说出引发共鸣和激励人的话，连基本的人际关系也难以维持，如果发展到自我封闭的地步，情况会更糟糕。

克服说话恐惧，要注意以下几个问题。

1. 别怕说不好，敢说比说错更重要

拿破仑·希尔说过：“有很多思路敏锐、天资高的人却无法发挥他们的长处参与讨论，并不是他们不想参与，而只是因为他们缺少信心。”很多羞于说话的人，并非内心没有观点，而是担心自己说错、说不好，因此丧失了说话的信心。

少说、不说绝对不是克服自己说话恐惧的好方法，最有效的方法反而是勇于表达，多说，多练。每次开会都要主动发言，看到心仪的异性要主动搭讪，积极在人多的场合发表演说。

不要太在意别人的看法，也别太在意自己表现的结果，只要你将自己该说的、想说的观点表达清楚，就是一次自我超越。用这样的心态去说，就会消除发言时的紧张感。

如果仍然不敢开口，不妨问自己一个问题：即使说错又怎样？会造成的最严重后果是什么？如果最糟糕的事不过是让你丢面子而已，那就大胆地说吧！尽最大的努力，做最坏的打算，紧张和恐惧不过是因为你太在乎说出来的结果而已。

2. 紧张是正常的

在一些重要场合发言，紧张是正常的，即使是经验丰富的人，台下黑压压的观众也会对其造成压力。所以发言前要叮嘱自己：紧张是正常的，索性放任自己的紧张情绪，畅所欲言。发言前做做深呼吸，尽可能用目光正视每一位听众，然后提高自己的声音，将注意力放到发言内容本身。慢慢地，你就会投入角色中去，使得自己的心态放松下来。

在发言的过程中，不断给自己鼓励，相信自己是最棒的，告诉自己“我说话大家都爱听”“我对他人有特别的吸引力”等。不断用积极的自我暗示向自己传递勇气，内心就会变得坚强自信，有助于消除紧张感。

有时候，将自己的紧张说出来，就不紧张了。比如可以说：“今天观众真热情，我很紧张，也很激动，如有讲得不好之处，请大家见谅。”当你自然表达出了自己的紧张和焦虑，心情自然也就平和了。如果你的胆子再大一些，还可借机自嘲一下，幽自己一默。

千万不要自欺欺人地告诉自己“别紧张”，这样“保守”应对反而会让自己更紧张。

3. 树立起自信，主动发言

我们有这样的印象：无论什么性质的聚会，后面的座位总是先被人坐满。大部分坐在后排的人，不过是希望自己不要“太显眼”。这种怕受人注目的原因，就是缺乏自信。要树立起讲话的自信，就要打破这种消极退缩的行为，让自己积极主动起来。

例如在会议上发言时，不要最后一个才讲，而要争取做第一个，勇于“破冰”。因为敢为人先，敢于将自己置于众目睽睽之下，才能起到锻炼勇气和胆量的作用，久而久之便会养成习惯，自卑就变成了自信。虽然第一个打破沉默会比较显眼，但所有的成功都是显眼的。

再如与异性交流，等对方先说话固然显得矜持、庄重，但若对方已经主动了，你依然字斟句酌，对方问一句你答一句，这样的交流就会很无趣，凸显不出你的魅力。

所以要尽量先发言、主动发言，许多原本木讷或有口吃的人都是通过练习当众讲话而变得自信起来的。

4. 勤加练习

平常我们还要多参加集体活动，尝试着在人多的场合发言。每一次发言，都要想象有许多听众正在听你发言，锻炼自己的胆量。多说话、多练习，慢慢就会“熟能生巧”。毕竟，口才是靠刻苦训练得来的。历史上许多著名的演讲家、雄辩家，他们的口才都是靠刻苦训练而获得的。

日本首相田中角荣两岁时因发高烧而落下了口吃的后遗症，与长辈说话就结巴，越紧张越结巴。为此，他到深山练习高声说话。后来他又从事话剧表演，每天将要讲的话背得烂熟于心，并把剧情台词融会贯通，有意识地抓住每个机会锻炼，终于克服了口吃。

美国总统林肯是著名的演讲家、雄辩家，但他并非天生口才好。17 岁时，他常常每天徒步 30 英里到镇法院听律师慷慨激昂的辩护，听教士高亢激昂的布道，得空就听一些政治家、演说家的演说，听完就开始模仿，面对树、树桩或成行的玉米一遍遍演讲，终于成为闻名于世的演说家。

英国戏剧家萧伯纳年轻时非常胆小，当众发言时结结巴巴，语无伦次，拜访朋友也要在门口徘徊 20 多分钟才敢去敲门，因此被人讥笑为傻瓜。他报名参加了伦敦一个辩论学会，每周都坚持当众演讲，不管别人怎么取笑他，甚至将他轰下台，他都坚持演讲完毕。每逢公众聚会，无论在教堂还是在公园，无论一千个听众还是数个听众，他都踊跃参加，以强大的毅力坚持在人前演讲。慢慢地，他的胆子大起来了，头脑也清晰起来了，演讲也流利起来了。

在这个竞争激烈的社会，如果说口才不佳会让你丧失一半机会，那么不敢说话会让你丧失所有机会。即使你是一个很有内涵、内在素质很高的人，也会因为无法讲出来，而难以获得别人的认可，继而慢慢沦为无足轻重的人。因此，怯场是一个大问题，你必须勇敢克服自己的说话恐惧症。

▶ 不显摆，切忌自我吹捧

女儿考上了美术特长班，全家人都很高兴。赵女士决定去超市买些菜，全家人一起庆贺一番。赵女士在路上遇到了邻居，她在开心之余不由得说了这件事。没想到邻居说："美术特长班有什么用？我女儿上周考了全校第十呢！上重点高中是没问题了。考上市一中，还不相当于一只脚已经踏入重点大学？我呀，现在就是愁该上哪个大学，将来学什么专业……"赵女士早已失去继续交流的兴趣。

我们在生活中经常会遇到一些人，喜欢显摆自己家庭的富有、男友的优秀、孩子的出色、工作能力的优秀，甚至自己的衣服有多贵。这种人总拿自己的优势去对比别人的劣势，瞬间就打破别人内心的满足感，抢走别人的快乐，令人心生不快。

经常话里话外地显摆自己的生活，不但会引起别人的嫉恨，而且还会影响人际交往的和谐。要想跟所有人都聊尽兴，就要尽量弱化自己的存在，低调做人。

1. 显摆是以自我为中心的病态心理

马云从来不向人吹捧自己的富有，也从不吹捧自己工作能力有多强，因为他本身就是能力的证明。

那么，为什么有的人爱显摆？正是因为他没有什么可证明自己的出色之处，唯有通过自我吹捧营造高人一等的感觉。一个内心真正强大的人，从来不需要通过外界证明自己。

显摆，其实是内心有点自卑的人通过外界一些东西弥补自身不足的一种方式，他们希望通过这种方式来获得别人的认同。他的炫耀，其实是渴望别人羡慕他所拥有的这些。为了维持这种快感，他在言辞上会显得高人一等，以挫败别人为荣，以加深别人的自卑感为乐。试想谁会喜欢与这样的人交流？

2. 少提自己的生活

克服显摆和自我吹捧说话方式的方法有很多，低调、谦虚、实事求是等方式都可以。但归根结底，不过是少提自己的生活。一旦你不以自己的生活为中心，吹捧就失去了“主体”，也就不再有显摆的嫌疑。

试对比下面两段话：

A：“我男朋友身高一米八，长得好帅，家里条件又好，他自己是XX集团的部门领导，还经营着两家咖啡店。他对我也很体贴，每天送我上下班，从来不让我干家务，这个周末还要带我去法国玩，人家想好好休息都没时间呢！”

B：“我和男友都很普通。倒听说你男友是一个暖男呢，你可有福了！”

显然，A 有显摆自己的嫌疑，B 无意多说自己的生活。作为听众，B 也许让人感觉很平淡，没什么好说的。A 的男友虽然很优秀，但又能怎样？她说这话的目的是什么呢？不过是让别人羡慕，从而获得心理上的满足，仅此而已。听众从她的话语里感受不到任何对自己有益的信息或情感。既然如此，为什么还要听她显摆呢？

聊天聊的就是开心，自己的话让别人开心，别人所说也是自己感兴趣的，这样话题才能持续下去。如果只聊自己的生活，向别人炫耀自己的得意之处，别人能从这场聊天中获得什么乐趣呢？别人为什么要去观赏你的生活？从这个意义上来说，显摆就是一场浅薄的自我吹捧，是空虚的表现。

3. 敢于展示自己的弱点才是赢家

小刘找工作失败，心里有些烦躁。室友小赵见状劝慰她说："我们刚毕业，的确很难遇到合适的工作。我上一份工作天天加班，被主管训，有一次还被客户骂哭了。没应聘成功不过是彼此不合适，这样的工作不要也罢！后面肯定有一份更适合你的工作。"两人聊了很多奇葩公司和变态领导，小刘感觉自己心里好受多了。

刘墉在《萤窗小语》中说："得意人前勿谈失意事，免得毫无反应；失意人前勿谈得意事，免得予人伤害。"真正的朋友，不会在你身处劣势的时候拿自己的优势出来显摆，不会在你伤心难过的时候显摆自己的开心。"你有什么不开心的事，说出来让大家开心一下"虽然是一句戏谑，却体现了人际交往的一个潜规则：当我难过的时候，你比我更倒霉、更难过，我的难过才能减轻一些。

所以，如果聊天时一定要提及自己的生活，不妨故意"露怯"，自暴缺点，满足别人的优越心理需求。这样才不至于引起别人的反感。而且，如果你能以自嘲的方式表达自己的不足，不但能使聊天气氛更融洽，还会给人留下宽宏大度的印象，更受人欢迎。

总之，想要赢得好人缘，就不要在别人面前夸夸其谈，自我吹捧。即使不愿意在人前坦承自己在某方面的无知，至少要保持谦虚谨慎和实事求是的态度，不吹捧，不显摆，而不能为了满足自己的虚荣“臭显摆”。

▶ 质朴坦然比巧言令色更动人

郑秘书发誓再也不相信后勤部的李主任了。当初李主任拉着她小郑长小郑短地叫，夸她明理能干，美丽又懂事，还说了好几次要给她做媒，介绍个好对象。郑秘书还以为这是一个热心阿姨的好意，平常跟她说话也没有太多隐瞒。没想到，李主任上午才从她这里套话说补贴的事，下午就找领导报销，还说：“郑秘书说这事您同意了，我就把这事跟大家说了，现在总不好再收回吧。”这是赤裸裸的栽赃！如果不是郑秘书此时刚好在领导办公室隔间，根本不知道李主任会对领导说这些话。这也让郑秘书看清了李主任的真正为人，此后李主任再跟她热络地聊天，她都让自己保持十二分警惕，不敢再相信李主任。

孔子说：“巧言令色，鲜矣仁！”历史上，很多奸臣都是巧言令色者：赵高、秦桧、李林甫，他们善于在上位者面前讨巧，让皇帝听了他们的话感到舒服，背地里却干一些为人所不齿的勾当，因此遗臭千年。

在现实生活中，虽然不至于用口才杀人，但若只是嘴上甜言蜜语，实际行动上却背道而驰，同样令人不齿。为人处世，最要紧的原则莫过于真诚，花言巧语、面目伪善虽然能瞒人一时，却无法瞒人一世。很多时候，老实木讷的人比善于花言巧语的人更可靠。

1. 有一说一，有二说二

长乐公主是长孙皇后所生，唐太宗特别宠爱她，将她许配给长孙无忌之子长孙冲，并为她准备了数倍于永嘉公主的嫁妆。众大臣都认为这并不越礼，毕竟她是皇帝最爱的女儿。

魏徵却对此表示反对："从前，汉明帝封皇子时说：'我的儿子怎能与先帝的儿子相比？'所以只给了楚王和淮阳王一半的封地。现在陛下用几倍于永嘉公主的嫁妆给长乐公主，理恐不可，愿陛下深思。"

唐太宗觉得这话有理，就把这番话告诉了长孙皇后。长孙皇后听后对魏徵大加赞扬，并向他传口讯说："听闻你正直，现在见识到了，希望你一直保持，不要改变。"

有一次，唐太宗下朝之后非常生气，说："朕今天非杀了这个乡巴佬不可！"原来魏徵在朝堂公然直言犯上，让他很没面子。

长孙皇后便换上朝服，恭敬地站在内廷，唐太宗很吃惊。她说："皇上拥有正直的大臣，这正说明了陛下的贤明啊！我站在这里恭贺皇上。"

唐太宗对魏徵的怒气消了。

正是魏徵的生性耿直、疾恶如仇令长孙皇后感到可信，才使唐太宗即使丢面子也不治他的罪，成全了这一君臣佳话。

难听的实话，虚伪的假话，二者相比你更想听哪个？

古人云：“忠言逆耳利于行，良药苦口利于病。”那些性格耿直的人，通常有一说一，有二说二，有什么说什么。虽然有时候难免太过耿直而伤了人的颜面，但这样的人往往更值得信赖。与那些巧言令色或心口不一的人相比，我们更愿意与前者交往。

2. 适当照顾别人的感受

一个人请客，到了约定时间，到了三位客人，还有一位客人没来。

主人着急，便说：“为什么该来的客人还不来！”

A 客人心想：难道我是不该来的？就走了。

主人看后更着急，又说：“不该走的又走了！”

B 客人心想：难道我是该走的？于是他也走了。

主人更着急了。

妻子劝他说：“你说话前应考虑好再说，你看现在客人都走了吧。”

主人辩解道：“我没说错呀！我没让他们走呀！”

C 客人心想：没让他们走，难道是让我走吗？于是最后一个客人也离开了。

“有一说一，有二说二”，并不是要口无遮拦，而是在实事求是的基础上，适当照顾别人的感受。实话实说，并非肆无忌惮地什么话都说，丝毫不顾别人的感受。在话出口前，先反复思量自己所说是否会伤及他人。巧言令色者之所以在交往初期更容易赢得欢迎，是因为他们过多地照顾了别人的感受，令听者感觉更舒服。

若想通过口才赢得好人缘，就要养成一个好习惯：真话不要脱口而出；真话不要全部说。说话前，先打好腹稿，确保所要表达的内容既真实反映了自己内心，又不会伤害他人，避免得罪人。

3. 君子坦荡荡

电视剧《琅琊榜》的成功，离不开其中对人物的成功塑造。无论耿直的靖王，还是自诩地狱归来的梅长苏，还是女中豪杰霓凰郡主、夏冬大人，无不是坦坦荡荡。即使梅长苏向靖王隐瞒自己的真实身份，也是到无法隐瞒的时候才明明白白地告诉他：这是我的隐私。正是由于君臣二人都是光明磊落的真君子，才能在波诡云谲的复仇路上互相信任，相互尊重，最终让梁帝亲口承认自己当年所犯下的罪过，彻彻底底翻案。这样的人物设定，使整个复仇故事有了温暖人心的力量。

《论语》说：“君子坦荡荡，小人长戚戚。”自古以来的文人士大夫都以此激励自己。一个心胸开阔的人，想要表达的观点都会明明白白地说出来，并不会有什么见不得人的“难言之隐”，行事是光明磊落的，值得信服的。那些“长戚戚”的人，不过是心中藏有更多拿不上台面、无法显露于人的话和心思，所以常常局促不安，与人为难，与己为难。

我们与人交流时，嘴笨一些也没关系，但要做到内心坦然，嘴里所说的与心里所想的至少不相悖。这样便能在人际交往中减少一些不必要的猜测、想象，沟通也会变得更真诚、通畅，人与人之间的信任也就更容易建立。

中华民族有着优秀的传统文化，仁义、道德、正直、善良都是人们所提倡的君子之道。质朴坦然就是要树立高尚的人格、正直的处事风格，摒弃“无事献殷勤”的做法。只有遵循约定俗成的道德准则，才能更好地融入社会，与人和睦友好，达到“其身正，不令而行”的人生境界。

▶ 谦虚的话更受欢迎

乾隆年间，音韵学家江永被举荐到朝廷为官。被乾隆召见时，江永紧张哆嗦，不能对答；而他的学生戴震口才很好，说话有条有理，能切中问题要害，乾隆很高兴。

乾隆问戴震：“你和你的老师，谁更有能力？”

戴震回答说：“我的水平不及老师。”

乾隆就问：“为什么水平高的反而回答不好朕的问题？”

戴震说：“老师年老耳背，但他的学问远远在我之上。”

乾隆对戴震的谦让精神大加赞赏，将其封为翰林。

中国人自古以来视谦虚为美德。聪明的人在谈话时，从不自我夸耀，即使身居高位也能保持态度谦恭，虚怀若谷。一个人若狂妄自大，口出狂言，就不会有人喜欢与他交谈。为人处世，哪怕我们心里底气十足，也要表现得谦虚一些，谦虚之人会更受欢迎。

1. 口出狂言是说话的大敌

小孙是一家公司的新媒体编辑。有一次，她写的一篇文章阅读量超过 10 万，使公司的产品得到了很好的推广。老板在员工大会上狠狠表扬她了一番，鼓励她再接再厉。小孙便以为自己已经掌握了推广的诀窍，此后言语之间便有些自得。有一次，老板拿来一篇文章让小孙评价，小孙唾沫飞溅地说了半个小时，将这篇文章说得一钱不值。老板听完很不高兴。后来，小孙才知道这篇文章是老板自己写的，他很满意。小孙惊了一身汗，发誓以后再也不乱说话了。

生活中的确有些人，做出一点儿小成绩就会飘飘然，言语之间总流露出一些优越感，并且爱贬低别人。且不说这样会得罪人，这种说话方式本身就很容易遭到别人的反感。须知“天外有天，人上有人”，世间总会有你不知道的领域、达不到的水平，一味地自满自得、夸夸其谈，反而会显露出自己的浅薄无知，贻笑大方。

2. 谦虚的话要这样说

小刘无意中拉了一个大客户，部门业绩激增。月底总结会上，老板多次表扬小刘，并让他发言，分享经验。小刘很想谦虚一番，无奈第一次发言，面红耳赤，支支吾吾半天才憋出一句话：“这是大家的功劳……”台下的同事听了并不觉得小刘谦虚，反而认为他只是虚伪地客套客套而已。

谦虚的话虽然更受欢迎，但如果表达不好，有时候反而会给人一种口是心非的虚伪感。怎样说话才能体现出谦虚的应有价值呢？

（1）多使用敬语

“您”“请”“劳驾”“劳烦”是汉语中常用的敬语。此外还有很多表示谦虚的词语。“拙”用来形容自己的文章或见解，如拙笔、拙见；“小”用来形容自己或与自己有关的人、事务，如小店、小儿；“薄”用来称呼自己的事物，如薄酒、薄礼；“敢”表示冒昧请求别人，如敢问、敢情。此外还有一些零散的遣词，如过奖、斗胆、抛砖引玉、贻笑大方、才疏学浅、恭敬不如从命、不足挂齿、班门弄斧、聊表寸心等。

（2）征求批评

在别人赞美你时，诚恳地请求对方批评，这是表达谦虚最真诚的做法，也是改正自己错误的正确做法。

如京剧大师梅兰芳在一次演出时被一位老年观众说了声“不好”，他下台后立刻将其接到家中，恭敬地说：“说我不好的人，是我的老师。先生说我不好，必有高见，定请赐教，学生决心亡羊补牢。”正是由于这种谦逊好学的态度，梅兰芳后来成为一代京剧大师。

（3）借助比喻

别人的夸赞和肯定不是毫无缘由的，或因为某件事，或因为某方面的成绩，如果直接谦虚，可能会给人虚假的感觉，此时不妨借助比喻。

如郭沫若和茅盾在一起聊天时，郭沫若说：“鲁迅愿做一头为人民服务的‘牛’，我呢？愿做这头‘牛’的尾巴，为人民服务的‘尾巴’。”

茅盾于是笑着说：“那我就做‘牛尾巴’上的‘毛’吧！它可以帮助‘牛’把吸血的‘大头苍蝇’和‘蚊子’扫掉。”

两人一个自喻为“牛尾巴”，一个自喻为“牛尾巴”上的“毛”，都表示自己只是别人的一部分，这比直接谦虚效果好多了。

真正伟大的人物总是很谦虚，我们日常还可通过书籍、电视、电影等方式，学习他们的说话方式，做一个谦虚谨慎的人。

▶ 不要用命令语气，凡事多商量

丈夫出差一个月，卢鑫一边上班一边接送、照顾孩子。3 岁的孩子正是调皮的时候，卢鑫白天工作，晚上单独照顾孩子，很快就力不从心了，原来苦口婆心的教育模式很快变得强硬起来：“不许光脚！”“不许乱丢玩具！”“不许看电视！”……等丈夫出差回来，母子俩相处模式已经变为一个暴跳如雷，一个我行我素。盛怒之下的卢鑫哪还能自如地切换自己的情绪？有时候对丈夫说话也变得很不客气：“不准玩手机！”“把垃圾丢掉！”“把孩子玩具收一收！”……当卢鑫再一次毫不客气地让丈夫关掉电视时，他忍不住发火：“我是你的丈夫，不是小孩儿，你别命令我！”

生活中总有一些人因为性格或情绪原因，与人交流时不自觉地强硬，动辄发号施令。如果这个人既不是我们的上级，也不是长辈，却总是用命令的语气与我们交流，就会让人莫名其妙，甚至反感。

1. 没有人喜欢被指使

何女士的朋友正在诉苦，她又一次相亲失败了。谈话开始时，何女士一边安慰她，一边以过来人的身份吐槽自己婚前遇到的奇葩相亲对象。两人说着说着，话题就转移到了何女士的成功经验分享上，到后来，这场谈话变成了何女士苦口婆心地教导朋友怎样与男人相处：“你怎么能自己付餐费呢？在外面吃饭，肯定是男人掏饭钱！”“你不能太主动！应该让他过来找你！”……朋友原本是想找她获得一丝安慰，现在屡屡被教训，渐渐失去了说话的兴趣，很快找借口离开了。

人际交往中，互相尊重是基本的原则，没有人喜欢被呼来喝去，哪怕对方身份地位比你高。人们都渴望自己被尊重，希望自己被认同、肯定，不希望别人对自己颐指气使，不喜欢自己低人一等的感觉。哪怕对方是自己的领导，被发号施令后也是不快的。

所以，你要想跟人聊尽兴，就要摆正自己的身份，不要对别人的行为指手画脚。人与人是平等的，不存在谁比谁地位更高。当我们与别人交流时，对方想从我们这里获得的是有用的信息和令人舒服的情感体验，不是为自己找主人。一个习惯发号施令的人，是不懂得以平等心态与他人交流的，也难以收获友谊，注定孤独。

2. 不要试图压服别人

小李今天穿了一件浅黄色连衣裙。办公室刘阿姨看见了，立刻说：“你以后别穿这件黄裙子！这样显得脸色很不健康。”虽然她是好意，可在众目睽睽之下说这样一番话，实在令人不舒服，所以小李立马就变脸了：“穿什么衣服是我的自由，我就穿！怎么了？”刘阿姨讪讪地离开了。

习惯用命令语气说话的人也许想不通：我有理有据，为什么别人不愿意听我的话？这就是命令语气的不好之处。

以严厉的口吻去命令别人必须做什么，实质上是一种压服。哪怕你是对的，别人也不见得就非要听你的话，甚至为了捍卫自己的尊严，他有时候会动用所有智慧去反抗。领导一般喜欢用这种方式对下属说话：“你去给我做什么什么”“你必须怎样怎样”。这种交流方式虽然能换来下属的暂时屈从，但会引来他的逆反心理，毕竟谁都不愿意像奴隶一样唯命是从。

所以，当你发现自己合情合理的意见或请求不被接受时，不妨反思一下：也许不是别人不对，是不是我的表达方式不妥？然后转换立场，站在对方角度，重新审视自己的话语。

3. 建议比命令更好用

林肯说过："你不可能强迫别人同意你的意见，但可以用引导的方式，温和而友善地使他屈服。"

当你对别人有所要求时，就要体谅别人的感受，以商量的形式提出建议或想法，给予对方人格上的尊重，这样更容易赢得别人的尊重和信任。

如果需要指导或指正别人，即使对别人有益处，也不要以"好为人师"的态度和口吻去指正，而要充分展现你的善意，多用陈述句或问句征询对方的意见，语气要尽量委婉、温柔，少用祈使句。如可以对别人说："我觉得这样更好，你觉得呢？"不可以说："这样做，你听懂了吗？"后者显然是把自己当作发号施令的主人，将对方当作了仆从。

所以，生活中我们尽量不要用这样的句子："你应该这样做！""你这么想才是对的。"这种命令和强迫性的语气与其说展示了你的权威，不如说展示了你的霸道、蛮横。当你以居高临下的姿态对别人进行说教时，当你指使别人做某件事时，不管你的建议是否正确，别人也会为了自己的面子与你争论。一旦产生尖锐的对峙，你不但没有达到预期目的，而且硬生生地为自己树立了一个敌人。

第六章

沟通有套路，你得懂点心理学

言为心声，行为心表，语言与大脑思维紧密相连，想要与别人进行顺畅交流，就得了解别人心里在想什么。懂点心理学，可以帮助我们收集更多的信息，窥探对方没有说出口的信息，提前想好应对之词。

▶ 爱听好话是人性弱点，多些赞美总没错

1671 年 5 月，伦敦发生了一起盗窃案，英国的镇国之宝——国王的皇冠险些被盗走，好在守塔的卫队擒住了盗贼。盗贼首领是一个叫布雷特的人，国王查理二世决定亲自审问他。

查理二世见布雷特是一个其貌不扬的人，实在看不出他有什么胆量盗取国宝，于是随口问他："听说你还有男爵的头衔？"

布雷特回答说："是的，陛下。"

"我听说你得到这个头衔，是因为诱杀了一个叫艾默斯的人？"

布雷特回答说："是的。我只是想验证他是否配得上这个头衔。如果他轻易被我打发了，陛下就会挑一个更合适的人接替他的位置。"

查理二世心想，布雷特的话还是有点道理的，但转而又严厉地问："你的胆子真不小，居然敢偷我的王冠！"

布雷特用很委屈的口吻说："尊敬的国王陛下，虽然我看起来很狂妄，不过我是想提醒您关心一下我这个生活没有着落的老兵。"

"你什么时候是我的兵了？"

布雷特狡辩道："如今天下太平，四海之内的臣民都是您的部

下，我当然也是啊！”

查理二世感到此人像一个无赖，不过他并不反感，而是接着问：“那你说吧，我该怎么处置你？”

布雷特回答说：“从法律的角度看，我们5个盗贼应该被处死。但如果我们被处死了，我们加起来至少有10个亲人，他们会伤心流泪。陛下您是愿意10个人伤心流泪呢，还是愿意10个人赞美你的仁慈呢？”

查理二世被打动了，但他还是问：“你觉得自己是个勇士，还是懦夫？”

布雷特回答说：“这要看从什么角度看了。在别人面前，我是个勇士；在陛下您的权威面前，我是个懦夫。”

查理二世听到布雷特的狡辩，不仅赦免了他的罪行，还给了他一笔赏金。

马克·吐温说过：“当我听到别人对我愉快的赞美之后，我能靠着赞美的喜悦生活两个月。”有罪的布雷特通过一而再，再而三的赞美，摇身一变，成为被奖赏的勇士。这就是赞美的力量。

喜欢被赞美，这是人的天性，几乎每个人都希望得到别人的赞美。从心理学角度来讲，赞美是一种有效的交往技巧，真诚的赞美能给人带来愉悦，使人受到鼓舞。即使交流的双方在认识上、立场上遇到了分歧，适当的赞美也有助于缓解彼此的关系，甚至能化解矛盾。

需要说明的是，赞美不是“拍马屁”，只有真诚的赞美才会得到人们的欢迎，下面给大家分享一些赞美的技巧。

1. 赞美要翔实具体

当我们想要赞美一个女人的容貌，如果只是泛泛地说“你真漂亮”，其效果就不如“你的眼睛真迷人”。因为前者是空泛的，没有具体说明是哪个部位，有虚假恭维的嫌疑。如果对方问一句：“哪儿漂亮呢？”结果你却说不上来，或者给不出明确的理由，别人就会就觉得你的赞美只是礼节性的随口说说，内心就会很失望。

赞美要想显得真实可信，就要有细节。赞美的理由越具体明确，对方就越觉得真诚、贴切。这里可以提供一些可供赞美的具体点：

（1）外在具体对象

如对方的衣着打扮（穿着、领带、手表、眼镜、鞋子等）、头发、身体、皮肤、眼睛、眉毛等。

（2）内在抽象对象

如对方的性格、品德、作风、气质、学历、经验、心胸气量、兴趣、特长、处事能力等。

（3）间接关联对象

如对方的职业、工作单位、籍贯、邻居、朋友、物品、宠物、下级员工、亲戚等。

比如可以说：“你这件连衣裙真好看，把你的好身材都凸显出来了！”“你真是个实在人！我就喜欢跟你这样的人交朋友。”“你是山东的？山东是一个好地方啊……”总之，赞美时一定要说清对方“哪里”好，好在“哪里”，然后再根据具体赞美点给以生动形象的描述，使之更真实可信。

2. 赞美要分对象

人的性格、爱好、性别、年龄、素质、学历、经验等各方面都是不同的，如果能根据不同的对象赞美其独特的地方，就会比一般性的赞美更具体，更暖人心窝。

男人一般喜欢听关于自身能力的赞美，即抽象对象，如“你心胸真豁达”。当然，男人对外在形象和间接关联对象也比较在意，但程度显然不及抽象对象。如夸“你真有魄力”就比“你的手表看起来不错”更让他开心。

女人一般喜欢听关于自身外在形象上的赞美，所以我们可以从穿着、身材、发型、气质等方面赞美一个女人。

老人一般喜欢听别人赞美他年轻时的业绩与风采，若年轻人能以崇拜的语气称赞他“想当年”的种种事迹，他会非常高兴。

商人喜欢听有关眼光、财商等方面的内容，如我们可称赞他头脑灵活、生财有道、眼光敏锐等。

知识分子喜欢听有关才气、才情、淡泊等方面的内容，如我们可称赞他知识渊博、宁静淡泊等。

当然，为了增加赞美的真诚性，以上赞美同样不能泛泛而谈，要有具体事实为根据。

3. 背后赞美更显诚意

《红楼梦》中，史湘云、薛宝钗劝贾宝玉做官为宦，光耀门楣，贾宝玉很反感，就对史湘云和袭人说：“林姑娘从来说过这些混账话不曾？若她也说过这些混账话，我早和她生分了。”刚好黛玉这时候就在窗外，无意中听到宝玉这样夸自己，心里“不觉又惊又喜，又悲又叹”，后来宝黛两人互诉肺腑，感情大增。

在黛玉看来，宝玉在湘云、袭人面前只赞美自己一个，而且是背后赞美的，这种好话就非常难得。按照黛玉爱猜疑的小性子，如果宝玉当面称赞她，她估计还会以为宝玉是故意讨好她呢！

虽然当面赞美也有很好的效果，但背后的赞美总让我们觉得更真实、可信。很多时候我们知道，别人当面赞美我们，只不过是客套而已，未必真实。

如果有一天，有人对我们说：“××在背后赞美你……”那么，我们不但会对这份赞美感到开心，而且会认为这是别人发自内心、不带私人动机的赞美，而不会考虑其真实性，更不会觉得赞美者是在拍马屁，对这个赞美者的好感也会倍增。

▶ 人都希望被重视，请记住别人的名字

推销员希得·李维准备拜访一个准客户。这个客户的名字比较拗口：尼古得玛斯·帕帕都拉斯，因为不容易记，所以认识的人都习惯简称他“尼古”。

在拜访之前，希得·李维特意花了几分钟练习尼古的名字。当他敲开尼古的门后，亲切地冲他打招呼：“早上好，尼古得玛斯·帕帕都拉斯先生！”

尼古听完他念自己的全名，激动得说不出话来，甚至流下了眼泪。要知道，30多年来，从没有人能叫出他的全名。

结果当然是希得·李维所希望的那样，尼古成了他忠实的客户。

美国总统罗斯福说过：“一种既简单但又很重要的增加亲密感的方法，就是牢记别人的姓名，然后在下一次见面时喊出他的姓名。”

生活中，我们通常有这样的印象：偶遇多年未见的同事、同学、老师，对方一下子就叫出了我们的名字，我们心中难免有几分得意：看来我还是挺惹人注意的。同学聚会时，当我们叫出对方名字时，彼此都会感到惊喜，久违的亲切感扑面而来，仿佛大家并没有分开很多年。

俗话说：“人如其名。”名字不仅是个人代号，也是一个人形象的象征。当我们提起某个人的名字时，我们就好像感受到了他的音容笑貌。所以当我们与别人聊天时，最好通过一开始就喊出名字的方式打招呼，这是最起码的礼貌。

1. 准确叫出对方的名字，是对别人最基本的尊重

小云要去社区开证明，需要找陆明轩主任。她之前去过陆主任的办公室，里面几个人办公，但她忘了是哪一位了。

所以当她看到办公室只有一个人的时候，抱着试试看的希望问：“请问陆明轩主任在吗？”

对方很生气，毫不留情地指责她：“你之前不是来找我拿过资料吗？竟然连我是谁都不知道？”

小云感觉很尴尬，只好连声道歉。

很多人可能认为，记不住对方的名字不算什么大事，结果就可能遇到上述小云的情况，令对方大为光火。美国总统罗斯福就是一个特别有心的人，虽然他日理万机，仍然会花时间记每一个人的名字，哪怕是一个只有一面之缘的汽车机械师的名字。

所以我们每认识一个人，就要花点心思准确记下对方的名字，下次见面打招呼时就喊他的名字。别人潜意识里会觉得：这个人这么在意我，才见了一次就记得我的名字了，就很容易表现出友好的举动。

2. 叫全名还是叫小名，看对方喜好

周芬与张莹莹是大学同学。在学生时代，大家都喜欢叫张莹莹“莹子”，她也很喜欢这个名字。

毕业后，周芬与张莹莹在同一家建筑公司的不同部门上班，见面交流较少。有一段时间，两人所在的部门需要共同办理一个项目，两人经常碰面，周芬仍然像以前那样叫张莹莹“莹子”，惹得张莹莹的主管好奇地看了一眼。

事后，张莹莹郑重地恳请周芬叫自己的全名，因为她不想让领导觉得她上班时在私会同学，“也可以像其他同事那样叫我‘小张’”。

一般来说，小名显得亲切，全名显得庄重，前者更适合私下或熟人之间称呼，后者则多用于公共场合。在别人没有特别要求的情况下，仅凭自己的喜好叫别人的名字，虽然显得你们的关系与众不同，但也可能会给别人的生活带来困扰。

3. 不要给别人起绰号

名字是一个人最重要的标志，很多名字还寄托着美好的寓意，所以不要给别人起绰号。

从法律的角度上来说，起绰号侵犯了他人的名誉权，严重者可造成侮辱或诽谤，会受到法律的制裁。

从道德的角度上来说，寓意不好的绰号还会伤害别人的自尊心，影响人际关系的和谐。

即使一个人拥有绰号，也要考虑场所和场景。绰号一般也只限于亲密的朋友间，不熟悉的人最好不要轻易叫别人的绰号。而且朋友之间在称呼绰号时，也要注意场合，如果有第三者在场，最好称呼朋友在正规场合的名字，直接称呼绰号会令第三者摸不着头脑，感觉自己被疏远了。

所以，不要小看名字在交流中的重要性。忘记、记错、乱叫对方的名字，除了场面尴尬，还会让对方觉得自己不被重视，难以营造良好的聊天氛围。下次和人打招呼时，从首先叫出他的名字开始吧！

▶ 冷热水效应：让聊天更简单

新来的啤酒推销员小王，每个月能完成 100 万元的销售任务，旺季销售额更高，深得总经理的赏识。这个冬天特别冷，小王预计每月最多只能完成 80 万元的销售额，但他不打算用这个数据向领导汇报。

他对总经理说："今年冬天气温特别低，市场萧条，我估计每月最多只能完成 60 万元的销售额。"总经理一听，与夏季的销售额相比差了一半！虽然不是太满意，但他也知道冬季是啤酒淡季，

60万元的业绩也差不多跟平均值持平了，便不再说什么。结果月底考核时发现，小王竟然完成了80万元的销售额，比预计整整多了20万元！总经理喜出望外，对小王大大夸奖了一番。

试想，如果一开始小王什么都不说，或者直接汇报说80万元，当他如期完成80万元销售额的时候，会得到总经理的奖励吗？他只会觉得这是应该的。

小王的这种说话技巧，就使用了高兴宇老师所说的“冷热水效应”。

一杯冷水，一杯热水，一杯温水，当你将手先放到冷水中，再放到温水中，会觉得温水热；当你将手先放到热水中，再放到温水中，会觉得温水凉。同样一杯温水，却给人两种完全不同的体验，这就是冷热水效应。

上面的故事中，小王将最低数据——60万元汇报给总经理，使总经理对他预期减小。当月底考核结果出来之后，面对80万元这杯“温水”，总经理对小王的评价不但没有降低，反而升高了。

人人心里都有一杆秤，所不同的是秤砣不一样，会随着情况的变化而变化。虽然物品的实际重量是一样的，但是，当秤砣变小时，秤杆所呈现出来的效果会让人们觉得物品似乎更重一些；当秤砣变大时，秤杆上所呈现出来的效果会让人们觉得物品的重量似乎更轻一些。人们对事物的最终认知，完全取决于秤砣的大小。交流中若想运用冷热水效应，就要灵活运用这个“秤砣”，使别人按照我们所期望的结果感知事物的“重量”，达到我们预期的目的。

1. 缩小“秤砣”，令对方感到惊喜

利用缩小“秤砣”的方式达到预期目的，就是先给出一个较低的结果，降低别人的期望值，然后再亮出真实的“底牌”，令对方感到惊喜。我们生活中有很多这样的例子。

例如领导给员工发年终奖时，预期目标是 10000 元。为了避免员工对这个数额不满意，影响其工作的积极性，就对员工说：“因为……只能付给你 8000 元，”稍稍停顿后又说，“这一年来你的努力我都看在眼里，哪怕公司亏一些，我也想要好好奖励你，给你个整数吧！这是 10000 元……”从 8000 元到 10000 元，员工是开心的。

再如火车晚点了，预计要晚点 15 分钟，乘客心里很着急。乘务员这时候告诉大家，再过 30 分钟，火车就能到站。乘客虽然无奈，却没办法。但仅过了 5 分钟，广播通知大家说，火车将于 10 分钟后到站，望乘客做好下车准备。乘客听到这个消息都感到喜出望外，虽然火车晚点了 15 分钟，但这比预期的 30 分钟要快多了！

2. 加大“秤砣”，使对方做出理性选择

鲁迅先生说过：“譬如你说，这屋子太暗，须在这里开一个窗，大家一定不允许的。但如果你主张拆掉屋顶，他们就会来调和，愿意开窗了。”这里就使用了增大“秤砣”的方式，即加大“秤砣”，先给出一个比预期更糟糕的结果，从而使别人选择不太糟糕的与你的预期相结合的结果。

如推销员向顾客推销衣服时，先将一件 2000 元的衣服推销给客户，客户可能嫌价格高，不愿意买。这时候推销员给客户推销一件 1200 元的衣服，哪怕这件衣服没有任何优惠，客户依然觉得价格更容易接受。相反，如果推销员开始就给客户推销一件 800 元的衣服，然后又推销一件 1200 元的，客户一定觉得后者贵。

3. “秤砣”忽大忽小，使对方认同折中方案

老陈、老时是一家化工厂的谈判高手，他们俩合作没有谈不成的业务。原来，老陈喜欢提出苛刻的要求，一上来就在心理上将对方压倒，令对方一筹莫展。当对方感到山穷水尽时，老时就出场了。他会提出一个折中方案，令对方产生一种“柳暗花明又一村”的感觉，双方于是就愉快地签订了合同。即使这个合同有一些不利于对方的条件，但与老陈的方案相比，他们仍然乐意接受。其实，老时的方案是一开始就和老陈商量好的。

我们很熟悉这种一个人“扮白脸”、另一个人“扮红脸”的谋略，双方合作，一软一硬，令对方在对比中做出选择。这种说话方式多适用于谈判场合，当然，日常生活中也同样可以用到。例如商家推销产品，故意将同样的商品一个价格标低、一个标高，然后放在一起，令消费者在对比中做出选择。

总而言之，冷热水效应的使用范围非常广泛。当我们需要说服他人、批评他人、向他人道歉、给他人惊喜，或是推销、谈判的时候，都可以运用这种心理去拨动人心，使他的心理发生变化，然后做出符合我们预期的选择。

▶ 暴露缺点效应：增加你的信任度

为了庆祝连任成功，美国一位总统开放白宫，邀请 100 多名小朋友亲切“会谈”。

一个小朋友问总统：“你小时候有没有哪门功课比较糟？有没有被老师批评？”

总统回答说：“我的品德课有点糟，因为我喜欢讲话，经常会干扰别人学习，老师当然批评了我。”

他这个自暴缺点的方式赢得了小朋友们的欢呼。原来，不只有自己才被老师批评呀！连总统小时候也被老师批评过呢！

总统的回答其实塑造了一种“缺陷美”。他利用同理心，表示自己过去跟小朋友一样，从而在无形中拉近了与小朋友们的心理距离，活跃了气氛，为接下来的融洽沟通打下了基础。

社会心理学家认为，一个优秀的人适当暴露自己的一些小缺点，不但不会使自身形象受损，而且会让人们更喜欢他，这就是“暴露缺点效应”。

适当暴露缺点，可以达到两种意想不到的效果：一是让大家觉得他也是一个普通人，而不是高高在上的“神”。谁喜欢与一个完美到苛刻的人相处呢？走下神坛，变得与普通人一样，大家与他交往时就不会有压力。二是让大家感到他的真诚，他连缺点都肯对大家说，可见对大家的信任，无形中就拉近了与大家的距离。

对我们普通人来说，敢于自暴缺点，往往显得更真实可爱。一个人如果拼命掩饰自己的缺点，也许一开始能给大家留下好印象，可一旦缺点暴露，人们将更难以接受，而且会觉得他虚伪。所以，我们与人交流时，可适当放低姿态，有意无意地暴露自己的小缺点，让对方对我们产生信任，从而进行更深入的交流。

下面我们说说暴露缺点在谈话时的具体运用。

1. 自我贬低

炫耀自己时，自己很开心，听众可能会反感。但若我们贬低自己，说自己的失败经历、教训，反衬听众的高大，就能起到增强听众自尊、打开其心扉的作用，让他坦然地接受你。

比如可以说："你的 ×× 好棒，我这辈子可能都没法拥有这样的 ××。"这样将自己跟对方做很具体的比较，指出自己的不足，巧妙地抬高对方的厉害之处，使对方不经意间产生一种优越感。这是一种变相赞美对方的方式，会让对方对你产生好感。

当与人初次见面，聊天不太畅快时，不妨说一些自己的失败经历或糗事，使对方放下戒备心，以轻松的心态与你交流。

当你想要提出什么要求时，也可以先进行自我贬低。如可以这样说："我经常觉得自己很笨，有时候理解别人的话感到很难，你刚才说的我就没听明白……"言外之意：你能不能给我讲得更清楚一些？

当你想要拒绝对方时，自我贬低会让对方觉得你是心有余而力不足，可以这样说："我很想帮你，但这件事情我实在不擅长，我可以给你推荐……"这样的自我贬低不但不会让人感到被拒绝了，反倒觉得你情有可原，是真实可信的。

2. 敢于承认自己的错误

沈亮和周凯在同一家公司上班，有一次，领导给他们二人分了一个项目，结果二人未能如期完成。领导便分别找了二人，想听听他们如何解释。

沈亮说："我们俩把工作分段了，我负责上半部分，他负责下半部分。现在上半部分完成了，下半部分还余下一些。"

周凯说："对不起，我没能与沈亮协调到最好的状态，是我的工作没有做好。对不起，我一定加班做，尽量弥补公司的损失。"

结果，领导只是督促周凯尽快完成，却将沈亮狠狠地批评了一顿，说他没有大局意识，不懂得团队合作。

沈亮工作的完成度明明更高，却遭到领导的批评，就是因为他没有意识到自己的错误：一个团队犯了错，个人怎能独善其身？

金无足赤，人无完人，一个从不犯错的人是不懂得进步的。犯错后，我们最应该做的是坦诚地承认错误，虚心接受批评。如果犯错后不找自己的问题，反而拼命掩饰自己的错误，找理由为自己辩护，就会给人留下没有担当的印象，令人更加反感。对比一下，那些勇于承认自己错误的人，就会给我们留下尊贵、高尚的感觉，会让我们觉得他是一个更值得信赖、更值得托付的人。

3. 常常示弱

美国心理学家调查发现，那些老弱病残之人横穿马路时，要比一名彪形大汉横穿马路时，发生车祸的概率更低。因为大家觉得老弱病残属于弱者，更需要帮助，所以大家都愿意为他们让路，而彪形大汉属于强者，用不着帮忙也能安然过马路，反而更容易酿成悲剧。

老子说："弱之胜强，柔之胜刚。"示弱是一种体贴照顾他人心理的有效手段，可以使不如自己的人心理得到平衡，有利于团结周围的人，减少嫉妒和不满。我们在与他人交流时，不妨表示自己"学历不高""经验有限""知识能力有所不足""有过许多曲折难堪的经历""我也有许多烦恼"等。让人觉得"家家都有一本难念的经"。也可以袒露自己闹过什么笑话、经历过哪些窘迫之事、偶然侥幸获得什么名利等，恰当地示弱往往能收到以退为进的奇效。

不要试图在心理上压倒对方，更不要逞口舌之快，否则会激起别人的反感和敌意。

总而言之，完美的人在人际交往中并不一定受欢迎，稍有瑕疵之人反而会显得更加真实可信。我们要学会适当地暴露一些无伤大雅的小缺点，使别人以轻松愉快的心态与我们交流。

▶ 首因效应：打造良好的第一印象

心理学家做过这样一个实验：将被测试者分为两组，给两组人看同一张照片。然后对第一组被测试者说，照片上的人是一位屡教不改的罪犯；对第二组被测试者说，照片上的人是一位著名的科学家。然后让被测试者分析照片中人的性格。结果第一组被测试者分析出了这样的性格特征：深陷的眼睛藏着险恶，高耸的额头表明了他死不悔改的决心。第二组被测试者分析出了这样的性格特征：深沉的目光表明他思维深邃，高耸的额头说明他探索科学的意志。

这个实验说明，人们若对第一印象形成肯定的心理定式，会在后续了解中偏向发掘其具有美好意义的品质；若对第一印象形成否定的心理定式，会在后续了解中偏向发掘其令人厌恶的部分。这就是“首因效应”，又称首次效应、优先效应或第一印象效应，由美国心理学家洛钦斯首先提出。

语言是有声的个人形象，若能在一开始就通过口才向别人展示自己的语言形象，就更能创造融洽的交流氛围，在职场赢得领导的赏识、同事的喜欢、客户的厚爱，在生活中得到长辈的疼爱、朋友的关爱、异性的宠爱。

心理学家还做过这样一个实验：分别让四个不同装扮的人去拦车，这四个人分别是戴眼镜、手提公文包的青年学者，衣着时尚靓丽的漂亮女郎，满脸疲惫、手提菜篮子的中年妇女，穿着邋遢、头染黄发的青年。结果，青年学者和时尚靓丽的女郎拦车成功率最高，中年妇女次之，穿着邋遢的黄头发青年则根本拦不到车。

这个实验说明，大部分第一印象，是由人的外表造成的。你的外表是否干净清爽，决定着别人对你的信任程度。

每个人只有一次机会建立第一印象，在短暂的一瞬间，别人对你的印象已经深深烙进脑海中，指挥着其后对你的态度。所以，日常生活中，你一定要注意自己的形象，以备在任何地方、任何时间，都能给人留下最佳的第一印象。

1. 举止大方得体

有个学生喜欢抖腿，每次上课都会习惯性地抖个不停，严重时甚至能将自己的座位晃响。有一次，一位新来的教授为他们授课，从一开始上课，教授就一直在看他，让他感到很不安。下课后，教授问他："是不是我的课很枯燥无趣，你对此有什么看法吗？"他吃惊地回答："没有这回事呀！您为什么这么问呢？"原来，教授认为人在无聊、烦躁的时候才会不知不觉地抖腿，所以才引发了这场误会。从此这个学生提醒自己，在聆听别人说话的时候不要抖腿。

举止大方得体、合乎常规的礼仪习惯是我们向他人展示个人形象的基本要求，一个人要站有站相、坐有坐姿。抖腿、抱胸、跷二郎腿等都是不礼貌的行为，在第一次与别人见面时，会被人认为是傲慢无礼，从而给对方留下不良的第一印象。

2. 谈吐优雅

如果你平时就满口粗话，态度简单粗暴，很容易给别人留下粗鄙无礼的印象。相反，如果你平常说话非常注意礼貌，常用高雅的辞令与人交谈，那么当你与陌生人交往时，哪怕偶尔说一些俏皮话，对方仍然能感受到你内在的涵养，乐于与你再度交谈。

优雅的谈吐需要通过日常生活中的点点滴滴进行练习，并可从表情、态度及词汇等方面进行强化。如表情要平和自然，无论与上级、长辈，还是对下属、晚辈，都要做到一视同仁，既不居高临下，又不唯唯诺诺。态度则要避免以自我为中心，多说对双方感兴趣的话题，不要滔滔不绝地过多展现自己，多给别人留说话机会。词汇则指雅语，多说“请”“谢谢”“贵方”“不登大雅”“谬赞”等，必要时学一些常用的文言说法，向人展示自己的个人修养。但使用雅语时要自然流畅，不要刻意文绉绉地说话，反失了自然。

3. 不谈论个人隐私话题

初次见面，大家互相还都不大信任，所以聊天的话题主要围绕大家都熟悉、都有话可聊的话题。最好不要涉及过于深入的话题，尤其是与对方隐私有关的话题，否则很容易使对方不舒服，令对方感到自己被冒犯。如果只是出于想要了解对方喜好的目的，也不要反复地询问对方，以免使别人觉得自己好像正在被盘查。聊天高手很善于通过问题吸引对方的谈兴，从而发现对方的兴趣点，而不是问“你喜欢什么”这样直白的问题。

4. 记住对方的话

对方刚刚说过的话，你可以适时再度提起，尤其是那些对方表示出兴趣，甚至是与其梦想相关的话题。这样说，一方面表示你很关心对方，另一方面，这些是对方很看重的事情，如果你当作话题提出来，对方一定很乐意多讲。如果你能在他的讲述过程中适时微笑，给予赞美，或者表示认同，对方也许会将你引为知己，认为你是一个很好相处的人。

5. 不挑起一场争执

有时候，我们虽然不处于一场争执的核心，但由于某句不恰当的评价而引起别人的争执，这也是不妥的行为。

所以，当与陌生人交流时，如果没能及时发现其兴趣所在，最好不要主动谈及那些容易引发争执的话题，如宗教、政治、学历、家世等，以免出现对立情绪。

即使是大家都熟悉的话题，如美食、旅游、运动、电影等，在遇到观点不一致的时候，也要尽量将谈话引至能消除彼此生疏感的方向，淡化不一致的时候，避免争执。

总之，“台上三分钟，台下十年功”。想要给他人留下良好的第一印象，平常就要注意提升自己的形象，以亲切诚恳的笑容、优雅大方的气质、彬彬有礼的仪态、优雅的谈吐示人。

▶ 近因效应，最后的话决定聊天效果

王海代表公司拜访客户。他听说这位顾客是一位书法爱好者，便特意准备了一幅字，希望交谈时能派上用场。

客户见到王海后很客气，双方简单谈论了一番工作，又聊了一些其他话题。快中午时，他们的谈话就要结束了。王海感觉这次拜访没什么实质性的收获，这对以后的工作开展必然很不利。于是临告辞的时候说：“时间过得真快呀，我该告辞了，谢谢您的合作！”然后拿出准备好的书法作品，说：“我还有件事想要请教您，我知道您是一位书法家，我也是个书法爱好者，但不知道怎样提高自己，还请您多多指教呢！”说着将书法作品递给了客户。

客户听到王海这么说，眼睛亮了一下，拿起书法作品端详了一

番说："不要说书法家，我也只是一个爱好者，你写得很不错。这样吧，什么时候有时间，你随时来我家，我们一起切磋一下！"

心理学上有一个名词，叫作"近因效应"，是指在对一件事的总体印象形成过程中，新近获得的信息比原来获得的信息影响更大。王海拜访客户时说的最后那番话，就是运用了"近因效应"，使客户一改之前公事公办的客套，欢迎王海随时去他家做客。

现实生活中对近因效应的运用比比皆是。一场演讲中，演讲者喜欢用一句铿锵有力而又精辟的话语收尾；一场情深义重的谈话，大多也结束于一段真挚感人的言语；一篇好文章讲究"龙头凤尾""首尾呼应"，将结尾看得与开头同样重要。所以在说话时，我们不但需要用好的开头吸引听众，也需要用一个令人记忆深刻的结尾使听众回味无穷。而且，在与人聊天的时候，如果前期聊得不融洽，或者不得已出现了一些消极性的语言，那么不妨在最后留一个漂亮的结尾，让别人最后的记忆是好的，这样就更能给人留下较好的印象。

我们怎么在聊天中运用"近因效应"呢？

1. 告别时要表示出期待再见的意思

很多人不注意告别仪式。好的结尾也是成功的一半，如在第一次聊天结束时，我们可以诚恳地说："虽然我们今天才认识，但我感觉好像多年的老友重逢一样，期待下次再聊！"具体来说，告别的话语可分为三种。

（1）道谢式

主要以讲客套话作为交谈的结束语，礼节性比较强，使用范围比较广泛，同事之间、上下级之间、邻居之间都可以用。句式如：“今天真是太感谢您了，改天一定拜访您……”“听您一席话，我才知道事情还可以这样处理！改天我能再请教您吗？”“您真是帮了我大忙，我感激不已……”

（2）邀请式

以社交的手段向别人发出礼节性邀请或正式邀请，是表达友好结交的一种方式。句式如：“今天聊得真愉快呀。您哪天赏光到我们家来吃饭吧！到时候我们再详谈……”

（3）征询式

主要根据谈话情况说出向对方征求的意见、看法、要求、建议等。句式如：“听君一席话，胜读十年书，不知道下次什么时候我们才能再见面？”“您觉得以后我还要再注意一些什么？怎样做才好？”“您有什么看法或要求都可以提，也可以回去考虑考虑再提。什么时候都可以，我是非常乐意接受的……”

2. 调换说话顺序，把积极正面的放后面

曾国藩镇压太平天国初期，经常打败仗，汇报军情时不得已写上“屡战屡败”，但又担心朝廷问罪。经谋士建议，这句话被改为“屡败屡战”。结果朝廷不但没有治他的罪，反而觉得他有不屈不挠的精神。试想，如果用了“屡战屡败”，朝廷会不会觉得曾国藩太没用了？这就是调换说话顺序的威力。

最后的印象往往是最强烈的，甚至可以冲淡前面产生的各种印象。所以即便是内容相同的话，我们也要注意灵活调换顺序，将积极正面的信息放在后面。

如我们批评他人时，可以说："……很抱歉，刚才我太激动了，希望你能好好加油！"而不要说："……也许我的话讲得重了一点儿，但愿你能理解我的一番苦心。"

再如我们评价一个设计方案时，可以说："……除了这点儿小瑕疵，别的都挺好的，不错！"而不要说："……不错，都挺好的，但是，这里有一点儿小小的不足。"

当你将令人感到舒服的言语放在最后，对方即使在前面受到了批评，也会有种被勉励的感觉，这就是俗语所说的"打一巴掌揉三揉"。

3. 熟人之间，重视每一次最后的对话

如果说首因效应在跟陌生人交往时影响很大，那么近因效应则在熟人间的交往中影响较大。如夫妻吵架了，一气之下就会忘记对方过去的好和彼此间的种种恩爱；恋人临别时恋恋不舍，彼此就会万分期待下次约会的早日到来；年终考评，最新犯了错的人，似乎近一年的表现都很糟糕，而最新受到表彰的人，好像近一年都值得表扬……

因为彼此之间很熟悉，首因效应已不起作用了，相对来说，近期表现突出的地方会给人留下更深的印象。所以和熟人往来时，我们不要因为是老朋友就"忘乎所以"，而要谦虚为怀，以诚相待，告别时表现出足够的热情和举动，让彼此都期待下一次见面的到来。如果朋友之间有了误会，要在彼此心平气和的时候再进行一场真诚

的交流，避免矛盾激化。

▶ 登门槛效应：帮你徐徐图之

一个寒冷的夜晚，商人躲在帐篷里取暖，听着外面呼啸的寒风，他感觉暖和极了。这时候门帘被撩起来了，原来是他的骆驼。

骆驼对商人说："主人啊！外面太冷了，我冻得受不了了。我能把头伸进帐篷里暖和暖和吗？"

商人心想，只是一个头而已，不占地方，就同意了。骆驼就把头伸到帐篷里来了。

过了一会儿，骆驼又说："主人啊！外面真的特别冷，我能把脖子也伸进来吗？"

商人心想，既然头已经进来了，脖子又不占太大地方，留在外面挨冻的确不合适，于是又同意了。

骆驼的头和脖子很暖和，但身体在外面反而感到更冷了，它冻得走来走去，在帐篷里看着就摇头晃脑的，让商人不得安宁。

骆驼看商人并没有表现出不耐烦的样子，于是大着胆子说："主人啊！我伸着头的姿势很不舒服，如果我能把前腿放进帐篷里就好了！不会占太多地方，但会感觉舒服些。"

这个理由合情合理，商人只得又同意了。就这样，骆驼得寸进尺，一点儿一点儿将自己的身体全部挤进了帐篷里取暖，最后把商人挤了出去。

这个故事中的骆驼就运用了"登门槛效应"，一步步达成自己躲进帐篷取暖的目的。

登门槛效应是指，人们一般都不愿意接受较高较难的要求，费时费力又难以成功，却乐于做一些顺水人情，接受一些较小的、较易完成的要求。可一旦接受了那些微不足道的要求，为了给他人留下前后一致的印象，就会慢慢地接受较大的要求。这种现象犹如登门槛时的逐级攀登，一步步来更容易顺利地登上高处，因此得名，又称“得寸进尺效应”。

在口才应用方面，如果我们想要达成目的，同样可以利用登门槛效应，将目标拆分，先向别人提一个较小、较容易接受的目标，待对方适应之后再提一个较大的目标，从而循序渐进地达到目的。

1. 先定一个小目标

女记者帕兰要采访墨尔本的一名权威人士，请他就海洋动物保护问题做 15 分钟的广播讲话。但对方很忙，曾拒绝过很多记者的采访要求。如果直接提出占用他 15 分钟时间，他肯定会拒绝。

于是帕兰在电话中这样说：“很抱歉打扰您。我们想请您就海洋动物保护问题谈谈看法，只要 3 分钟时间就够了。我听说您每天下午 4 点都会出来散步，我能不能在今天下午 4 点拜访您呢？”

对方接受了她的请求，下午 4 点，采访准时开始。可事实上，帕兰整整采访了 20 分钟。

现实生活中登门槛效应的例子比比皆是，无不从小目标开始。如推销产品时用到的“免费品尝”“免费体验”“搭讪”等，都是别人不容易拒绝的“小目标”。“只要 3 分钟”，对别人而言，往往是乐于做个顺水人情的。

2. 循序渐进，得寸进尺

心理学家曾做过一个关于“登门槛效应”的实验，结果发现一个人只要一开始答应了一个没有任何理由拒绝的小小要求，每 100 个人中，约有 76 个人会为了前后行为的一致性，而接受更大一点儿的要求。换言之，只要小要求被接受，在不需要任何说服手段的情况下，我们有 76% 的概率让他们接受我们的下一个要求。

根据人们的这个心理特点，我们很容易循序渐进，一点儿一点儿地对别人提出后续要求。下面这个故事很好地说明了这一点。

一个风雨交加的夜晚，一位夫人听到敲门声，开门看到一个饥寒交迫的乞丐，夫人本能地关上门。乞丐这时说：“尊敬的夫人，请可怜可怜我吧！我不讨饭，只想进去避避雨。”

夫人也不想让人觉得自己太不近人情了，就把乞丐让进屋，还给他搬了一把椅子。坐了一会儿，乞丐对夫人说：“尊敬的夫人，我身上的衣服都湿透了，能让我烤烤衣服吗？”

这个要求也不过分，夫人就将他带到火炉前。衣服烤干了，乞丐从口袋里掏出一块石头，神秘兮兮地说：“我有一颗神奇的宝石，将它放在沸腾的锅里，就能煮出一锅美味的汤。”

夫人觉得这很不可思议，一块石头怎么能煮出汤呢？她就给乞丐找了一口锅，把水倒进去烧，想看他怎么变出一锅汤。

水烧开后，乞丐小心翼翼地将那块石头放在锅里，然后舀汤尝了一口，一脸兴奋地说：“太好喝了！这是我做过的最美味的汤。

如果能加点洋葱就好了。”

夫人于是给他拿了些洋葱。乞丐开始用这些洋葱搅拌，然后又舀汤尝了一口，意犹未尽地说：“真是太美味了！我相信如果再放一些肉片，这锅汤将会更棒！”

夫人又给了他一些肉片。就这样，乞丐用一块石头煮了一锅美味的肉汤。

故事中的乞丐，先用夫人的同情心换取进屋避雨、烤干衣服的资格，然后用一块石头勾起了夫人的好奇心，并在夫人不反感的前提下一步步提要求，得寸进尺，使夫人在不知不觉中落入他的圈套。

3. 让目标管理水到渠成

只要方法得当，登门槛效应可运用于任何领域。运用成功的关键在于：不要急于求成，而要向着最终目标，以曲折迂回的方式慢慢推进。

如小朋友不愿意上幼儿园，早上迟迟不愿起床：

家长说：“明天早上咱们早起 3 分钟怎么样？可以奖励一个棒棒糖哦！”

小朋友同意了，因为他觉得早 3 分钟不会太早，重要的是可以得到一个棒棒糖。

第二天孩子果真比平时早起了 3 分钟。

等孩子适应了，家长又用其他奖励，鼓励小朋友再提前 5 分钟起床，小朋友又答应了，并且因为没有迟到而被老师表扬。

受到表扬的小朋友觉得自己应该能做得更好一些，所以第二天无论是否有奖励，他都愿意比平常再早一些起床。慢慢地，小朋友养成了早起的习惯。

由此看来，利用登门槛效应达成预设目标，根本不需要更多手段。只需将最终目标分解成几个小目标，先让别人接受无法拒绝的小目标，再循序渐进地抛出其他要求，从而实现最终目标。

第七章

沟通有技巧，你得把话说到点子上

口若悬河的人未必口才就好，滔滔不绝的人未必就受人欢迎。聪明的人说话言简意赅，恰到好处。想拥有良好的口才，就要懂得用最简单的语言把意思表达到位，在关键时刻、关键场合把话说到点子上，既让听众感到舒服，话毕又能让人回味无穷。

▶ 找到大家共同的兴趣点

一位保险推销员想请求一家图书公司的老板给员工买保险。为了拿到这笔订单，保险推销员每周都拜访这个老板一次，还主动参加他举办的各种活动，但一直未得到合作的机会。

后来，他打听到这个老板喜欢喝红茶，是某个茶叶协会的会员，而且据说这个老板想成为该协会的会长，所以无论茶叶协会举办什么活动，这个老板都会无条件地参加。保险推销员再次上门推销的时候，只字不提保险，而是谈论某个茶叶协会将要举办的活动。这个老板的反应就很令人兴奋了：他得意地说这次活动是由他发起的，他的声调高昂，兴趣甚浓，还谈了半个多小时关于茶叶活动的流程，以至于保险推销员离开的时候,他还热情地邀请推销员参加此次活动。

几天后，这家图书公司的一位负责人给保险推销员打电话，让他到公司来并带上有关保险的价目单及合同。负责人招呼保险推销员的时候还说：“不知道你对我们老板说过什么，真想不到他会为大家买商业保险。”

每个人都有自己的兴趣点，如果你没发现这个兴趣点，无论说多少话，下多少功夫，对别人来说都是无意义的。只有找到这个兴趣点，你才能够真正进入他的内心，令他产生遇到知音的感觉。所以，无论与人交谈，还是求人办事，都要找到这样的兴趣点，然后投其所好，从而与他产生共鸣，使彼此越谈越投机。

怎样找到这样共同的兴趣点呢？除了发现对方的嗜好之外，一般可从以下两个方面入手。

1. 找到对方倾注心血的事

陆先生是某建筑公司的采购，正在负责一个大型建筑项目的材料采购工作。为了承接这一项目，无数材料商展开竞争。但找他合作的商人无不乘兴而来败兴而归。小邹是某品牌的代理商，他也想承包这个业务。

在小邹拜访陆先生之前，陆先生的秘书就对他说：“我知道你想拿下这个订单，但陆先生只有 5 分钟时间，你要抓紧时间讲完。”

小邹进入陆先生办公室后，并没有急着做自我介绍，而是仔细打量陆先生的办公室。等了一会儿，陆先生才从办公桌前抬起头来，示意小邹讲。陆先生决定，无论对方讲什么，等他说完就打发他走。

小邹并未直接进入正题，而是说：“陆总的办公室装修得真精致呀！我以前长期从事室内装修，还从未见过这样用心的装修呢！”

陆先生听到这话很高兴：“那当然！这办公室是我自己设计的，装好后大家都这么说。”

小邹慢慢走到茶几边，仔细打量上面的大理石，肯定地说：“这是 XX 石，是不是呀？”

“是的。”陆先生这才对小邹另眼相看，“这是从 XX 国进口的，是我从一个专门研究大理石的朋友那里买的。”

陆先生说着站了起来，向小邹仔细介绍自己的办公室，将硬装、软装等每项都做了说明，从用料到价格，从产地到保质期，并详细介绍了自己的采购经过。

小邹一边听，一边微笑点头。他看陆先生这么懂室内设计，便好奇地询问他缘由。陆先生便讲了自己从事室内设计时的经历，重点讲了刚入行时因为不懂材料而吃亏的事，两人交谈了一个多小时。

最后，小邹说："我前不久买了一些材料，打算用来装修办公室。我的设计师是刚毕业的学生，我担心糟蹋了材料。您有兴趣帮我看看怎样设计更节约用料吗？我的办公室离这儿不远，要不今天下班我过来接您？"

最后，小邹拿下了这笔订单。

对方倾注心血的事，无论过程怎样、结果怎样，都会有一番感慨。如果你能巧妙地将话题引到这件事上，并从称赞今日的可喜成果开始，就能打开对方的话匣子，使他忍不住"忆往昔"。过去的经历越辛苦，今日的成绩才显得越可贵，对方才越觉得得意，谈兴越浓。小邹正是抓住了这一点，使陆先生忍不住谈论自己装修办公室的经历及从事室内装修的教训，巧妙地将话题引到装修材料上，让对方愉快地接受了自己。

2. 找到涉及对方利益的事

电视剧《芈月传》中，有一段芈月为鼓舞士气所做的演讲。演讲一开始，芈月便问："诸位将士，我问你们，你们为何从军？"由此引出将士们的核心诉求：建功立业，荫及家人，人前显贵。一个问题就戳中了所有将士的心。紧接着，芈月回忆往昔，将曾经的大秦是虎狼之师的荣光与如今的大秦被兵临城下之耻辱做对比，让众将士深感愧疚，然后提出问题所在及自己的承诺："你们有多少努力，就有多少回报。”最后提出一个更有力的问题：“你们敢不敢去争取，能不能做到？”自然听到众将士发自内心的回应：“我们敢！我们能！我们做得到！”

有谁会拒绝倾听与自己利益切身相关的事呢？又有谁不想知道自己能从交谈中获得什么好处呢？

演讲中，找到涉及听众利益的事，就能将大家团结起来，起到鼓舞人心、增强斗志的作用。聊天中如果找到涉及别人利益的事，就能让一个原本无动于衷的人打起精神，对谈话产生兴趣。

最引人关注的沟通莫过于告诉对方：你能为他提供什么好处，使他目前的处境更好。

总之，每个人都有自己感兴趣的领域，或物质利益，或情感倚重。一旦你击中对方的兴趣点，别人就会流露出很高的谈话热情，不知不觉地与你讨论，形成良性互动。

▶ 会提问，才能让人敞开心扉与你聊

央视曾推出过一个特别调查节目，记者对普通民众进行了采访。采访对象比较随机，既有大学教授，又有偏远山区的农民，也有路边遇到的路人。无论采访对象是什么身份，记者设置的问题都是相同的：“你幸福吗？”

受访者回答的内容千奇百怪。最令人啼笑皆非的回答来自一个外来务工人员，他回答说：“我姓曾。”这个画面播出后瞬间成为社会热点，“神回复”成为大家茶余饭后的笑点。

除此之外，蔬菜大棚工作人员的回答也很尴尬，他只是说：“哎

呀，呵呵……"

之所以会出现这种情况，是因为记者所提的问题太过含糊。"幸福"这个词范围很大，记者并没有明确界定具体哪个方面，所以很容易造成沟通理解上的障碍，出现意料之外的回答也就不奇怪了。

世界销售培训大师博恩·崔西说过："如果你能提问，就永远不要开口说。"因为提问是获取信息的重要聊天技巧。不仅仅是采访，在任何场合的沟通中，想要在短时间内从别人身上获得有效信息，就要通过适当的提问，引导对方把话说下去。提问能力强的人，能通过一个又一个的问题获得自己想要的答案，并引导话题走向，掌控整个聊天过程。

所以，若想把话说到点子上，还要培养自己的"提问能力"，掌握一些提问技巧。下面介绍七种高效的提问技巧。

1. 直击对方诉求

高考分数出来之后，家长希望李老师根据孩子的分数情况，选报一所合适的大学。李老师从师资力量、专业方向、就业情况等方面给家长推荐了几所学校，但家长似乎都不满意，要求李老师再多推荐几所。

李老师问他："你希望孩子将来从事什么行业？"

家长说："当老师！"然后讲孩子的爷爷、奶奶、姑姑等都是老师，有着良好的家族渊源。

李老师于是从师范方向入手，给家长推荐了几所学校，家长果然对其中的某所高校动心了。

每个人都渴望自己的理想能够实现。上述家长的理想就是"孩子成为一名老师”。具体到每个人，情况就有很大的不同，出专辑、买车买房、上市、完成任务、追求到心仪的对象……在不同的阶段、不同的场合，每个人理想中的状况各不相同。

所以，在所有场合的聊天中，我们一定要弄明白一点：对方真正想要的是什么？你不妨就这个问题展开询问，直击对方诉求，有的放矢。

2. 弄清对方的“大义”所在

“你……能给大家提供什么价值/带来什么好处？”

这是一个有关目的的提问，它从积极的、正面的方向进行提问，使得对方感到自己的所作所为具有非同小可的社会意义，因而产生聊天欲望。

如丈夫加班工作，回到家已经10点多了。妻子如果问：“你怎么又回来这么晚？”这个问题里面就带有质问、埋怨等情绪，劳累的丈夫只能强行解释。但如果妻子问：“你又加班了，这个月业绩怎样？”无论是否有奖金，显然会让丈夫更有聊下去的欲望。

3. 询问特定词的具体意义

一个人向朋友发牢骚：“我们领导很过分，我真的快受不了……”

朋友问：“他怎么过分了？”

于是这个人举了很多例子来说明领导的过分行为。

这就是询问特定词汇的具体意义。当我们询问这些词的具体意义时，其实已经大致知道是怎么回事，但如果将其当作问题提出来，就能获得更为具体的信息，从而更好地找到问题所在。

如一个推销员总是抱怨顾客挑剔、爱刁难人，无论自己提供什么样的服务，都不能使他们满意。经理就可以问：“他们是如何刁难你的？你又提供了什么服务？”

试想，如果经理不提出这个问题，而是直接认可推销员“顾客挑剔、爱刁难人”的结论，接下来做出的判断，也许就不再客观准确。

4. 询问相反概念

某公司设计部在开会，讨论产品的创意问题。

到底什么样的产品才比较有创意呢？大家纷纷提出自己的想法。

部门经理最后总结：“把大家能想到的全部列出来，然后全部排除，剩下的就是最有创意的。”

大家傻眼了。

通常我们有这样的经验，从正面途径获取信息失败之后，不妨运用逆向思维，通过询问相反的概念来查找。如上述的会议中，部门经理实际上提了这样一个问题：“没有创意的商品是什么样子的？”

大家的讨论过程，就是排除“没有创意”这个相反概念的过程，排除完毕，最终剩下的就是问题的答案：有创意的。

5. 质疑“理所当然”的现象

员工汇报工作完毕，领导直觉成本高出了预期，但他并没有指责采购价格的不合理等具体财务问题，而是问：“为什么我们工作流程一定要这样？”后来证明，调整两个流程顺序，就可以打一个时间差，节约成本。

当一切程序都无懈可击却又出现异常状况时，一定是某个大家都不注意的地方出了问题。而这个地方，大家通常“理所当然”认为是对的，此时不妨就此提出疑问。

6. 换个立场提问

换位思考有加强彼此沟通的作用,所以也可从这个角度设置问题。

如丈夫加班回家很晚，妻子可以问：“你吃过晚饭了吗？累不累？……”

因为加班是一件很辛苦的事，丈夫非常渴望能放松放松，好好休息一番。所以，妻子在这里的问题就很温暖，令丈夫感受到家的温馨。相反，如果妻子仅仅站在自己的立场责备丈夫晚归，可能会令疲惫的丈夫更加疲惫。

换个立场，也许你不知道对方会怎么想，但你会生出自己立场所没有的疑问，这样就能得到一些意想不到的信息。

7. 开放式提问

开放式提问是针对封闭式提问而言的。封闭式提问一般只要回答“是”或者“否”就行了，开放式提问没有标准答案，对方可根据具体情况随意回答。

如下面的对话：

“吃饭了吗？”（封闭式提问）

“还没呢！”

“忙到现在呀，项目顺利吗？”（封闭式提问）

“不顺利！”

“出了什么事？”（转向开放式提问）

“……”

封闭式问题一般用于开场的寒暄，起着缓和气氛、确认信息等作用，不宜设置太多，否则就变成了“盘查”。开放式话题的内容比较广，可根据具体情况设置问题，有推进对话和挖掘细节的作用。

以上几种提问技巧，可根据聊天场合、聊天对象灵活运用，若能将“提问能力”与“点评能力”结合使用，就更能引导对方畅聊自己的观点，使聊天气氛更佳。

▶ 从对方得意的事谈起，少提自己

美国总统罗斯福每次接见某一个人时，都会在前一天晚上研读对方的资料，了解对方的兴趣爱好。见到对方之后往往投其所好，从对方得意的事谈起。以至于凡是跟他见过面的人，莫不被他博大精深的学识所感动，无论政客还是驯马师，无论商人还是歌手，都感觉自己和总统聊得很愉快。

美国人际关系学家戴尔·卡耐基说：“去钓鱼的时候，你会选择什么当鱼饵？虽然你喜欢吃汉堡，却无法用汉堡钓到一条小鱼。要想钓到鱼，你只能用鱼喜欢吃的东西来做鱼饵。”

融洽的聊天也是如此，投其所好方能聊得愉快，没有人会对自己不熟悉的领域感兴趣或表现出过多的热情。反之，如果遇到自己感兴趣的话题，甚至自鸣得意的领域，则会情绪高昂地参与其中。我们要善于抓住人们的这种心理，在聊天时从对方得意的事情谈起，从而实现进一步交流。

那么，怎样才能找到对方得意的点呢？针对不同的聊天对象，方法也会有所不同。

1. 对待陌生人，认真观察对方的喜好

如果与对方不熟悉，最好在见面之前对他有所了解，弄清楚他得意的事情、感兴趣的事情、关心的事情等。这样在见面之后，就能有的放矢，迅速打开对方的话匣子。

如果是突然认识的新朋友，没有渠道了解他的过往，这时候只能通过观察来获取更多的信息了。事实上，我们经常可以通过一个人的外貌特征、衣着、谈吐等方面来判断他的性格、社会地位等。

也可以根据现场情况即兴发挥。比如你在公园看到一个老者正在下象棋，便可以象棋为媒介物，就下棋的情趣及车、马、炮的运用展开闲聊，也可请教对方擅长的着法，甚至可以彼此切磋一下。当你看到一位带着孩子的母亲时，就可以对她的孩子进行恰当的恭维或是发自内心的赞美，从而拉近你与她的心理距离。

需要注意的是，在恭维别人的时候，要找准切入点。如每个家长都觉得自家孩子好，因此与家长打交道的时候，孩子就是最好的切入点，即使对方嘴上说着谦虚的话，内心其实还是引以为豪的。

2. 对待熟人，随时留心其喜好

《红楼梦》中的王熙凤第一次见到林黛玉时，笑着说了这样一番话："天下真有这样标致的人物，我今日才算见了。况且这通身的气派，竟不像老祖宗的外孙女儿，竟是嫡亲的孙女似的，怨不得老祖宗天天口头心头一刻不忘。"

王熙凤是贾府的实权掌握者，其权势多来源于贾母的宠信，所以她的一言一行都依据贾母的好恶，揣测其心理。上面这段话句句说到贾母的心窝里，怎不得贾母的喜欢？

有时候，熟人最得意的事未必会讲出来，这就需要身边的亲朋好友察言观色，随处留心，随时留意，用洞察力挖掘其真实喜好。

3. 讲好恭维话

谈论别人得意的事，自然免不了说一些恭维的话。但要注意恭维得不留痕迹，要有意无意、自然而然地谈及，不要太露骨或毫无诚恳之意，否则会令人反感。所以，即使是恭维的话，也要注意技巧。

（1）表达关心与体贴

“你那本书我看了好多遍，写得真好！当时写的时候没少费功夫吧？以后要注意休息，不要晚上熬夜写呀！”“领导你把那客户拿下了？怎么拿下的？能教教我吗？我想拜你为师！”“你说服了孩子？怎么说服的？跟我讲讲吧，下次我也想这样说！”……这些或关心或体贴的话语，既关心了对方，又表现出了自己的敬仰，令人忍不住大谈特谈。

（2）表达鼓励

在对方遇到暂时的困难或挫折时，不要一直揪着这件事不放，而要学会挖掘对方的其他闪光点，辅助以鼓励，使对方重振精神。比如可以说：“这点小困难不算什么。凭你的手腕 / 能力 / 本事等，一定可以顺利渡过这一关。”面对这样的鼓励，对方哪怕不想说话，心里也会舒服一些，会从心底感激你。

（3）挖掘更多闪光点

有时候，赞美大家都熟知的优点，比如恭维一个亿万富翁投资眼光毒辣，称赞一个美女漂亮，反而失了新意，别人已经听很多了，可能不会有所触动。这时候要挖掘其他闪光点，如亿万富翁的家庭和谐、妻贤子孝等，美女的身材、气质、眼光等，让对方获得意外的惊喜：哦，原来我的优点这么多呀！

总之，恭维一定要给人真诚之感，让对方感到你不是为了“拍马屁”而故意谈他得意的事，而是他真的如此优秀。如此，在拉近彼此心理距离的同时，会让对方全身心都感到愉悦，也会不知不觉对你产生好感。

▶ 有条有理，说到点子上

齐国、韩国、魏国合力攻打秦国，侵入函谷关。

秦王问楼缓：“三国的兵力强大，寡人想割让河东之地求和，不知你怎样看？”

楼缓说：“兹事体大，为什么不召见公子池商榷一番呢？”

于是，秦王召来公子池谈论此事。

公子池说：“讲和会后悔，不讲和也会后悔。”

此话怎讲呢？

公子池解释道：“大王如果割让河东之地讲和，三国虽然收兵离去，大王会觉得白白丢失三座城池，所以讲和会后悔。如果大王不讲和，三国攻过函谷关，咸阳必定危险，大王会觉得以三座城池就能解决的事却赔上了整个国家，所以不讲和也会后悔。”

听完他的分析，秦王说：“既然都会后悔，寡人宁愿失去三座城池后悔，也不愿意咸阳遭遇危机而后悔，寡人决定讲和！”

公子池并未直接给出结论，只是条理清晰地指出讲和与不讲和的利害，而且声明无论哪个选择都会令人后悔，然后让秦王自己选择结果。两害相权取其轻，秦王自己选择了问题的解决之道。

如果公子池直接给出结论，没有言明两种选择的利害关系，将来秦王后悔了，会将责任怪到谁的头上呢？

有条有理说到点子上，就是要条理分明地突出主要矛盾，使听众一下子就明白关键所在。这样讲话的好处是要点明确、主题突出，更能令人信服。

1. 要点罗列法

很多讲话高手都喜欢用"要点罗列法"来阐明自己的观点。

如马云说："商业合作必须有三大前提。一是双方必须有可以合作的利益；二是必须有可以合作的意愿；三是双方必须有共享共荣的打算。"

董明珠说："涨价是不会的，我们坚持走不涨价的路线。不涨价的前提下，我们的产品、材料都上涨，我们不涨价，仍有能力生存下去，这对于格力电器来说已经不是问题：第一，我们的产品更新换代；第二，提高更多高效能的产品，给消费者带来更多的实惠；第三，坚持规模，如果成本上涨，我们用规模消化掉。"

当讲话内容超过三点时，一些领导人喜欢用"讲几点"的方法厘清自己的讲话内容。如"下面我简单讲几点。第一……第二……第三……第四……"

反之，如果马云、董明珠等人没有用序数词罗列自己的观点呢？很明显，观点与观点之间缺少必要的衔接，听众听起来就是一锅粥，毫无条理性。

由此可见，如果你要表达的内容较多，可有意识地培养用序数词罗列观点的习惯。这样，不但便于听众理解，使其印象更深刻，而且还可以起到锻炼大脑组织语言能力的作用，使你的谈话主题突出，更有重点。

2. 注重说话逻辑

中华民国时期山东省政府主席韩复榘到齐鲁大学去演讲，演讲词如下：

今天是什么天气？今天是演讲的天气。开会的人来齐了没有？看样子大概有个五分之八啦，没来的举手吧！很好，都到齐了。你们来得很茂盛，敝人也实在很感冒。今天兄弟召集大家，来训一训，兄弟有说得不对的地方，大家应该互相谅解，因为兄弟和大家比不了。你们是文化人，是从笔筒里面爬出来的，都是大学生、中学生和留洋生，你们这些乌合之众是科学科的，化学化的，都懂七八国的英文。兄弟我则不同，是大老粗，是从炮筒里面钻出来的，连中国的英文也不懂……今天能到这里讲话，真使我蓬荜生辉，感恩戴德。其实，我没有资格给你们讲话，讲起来嘛，就像……就像……对了，就像对牛弹琴。今天我不准备多讲，只讲三个纲目。第一，关于蒋委员长的新生活运行，兄弟我举双手赞成，只是有一条，“行人靠右走”着实不妥，实在太糊涂了，大家想想，行人都靠右走，那左边留给谁呢？……

这篇演讲的真实性已不可考，但语法不通、逻辑混乱是毋庸置疑的，听众的反应可想而知。

说话应该像写文章一样：叙事要清楚，条理要分明，主旨要突出。哪些话应该放在前面，哪些话应该放在后面，哪些话是重点，哪些话是细枝末节，都应安排得当。所以，我们有时候会用“说话不经大脑”形容一个人的口不择言。那些仅通过语言就能使人信服的人，一定善于用可靠的事实支撑自己的观点，并善于提炼打动人心的观点。

3. 用数据说话

一位丈夫指责妻子乱花钱，妻子不想吵架，就将自己每日消费数据罗列出来：

①工作日期间，早餐平均每日 5 元；午餐，办公楼下消费最低 10 元；晚餐买菜在家做饭，如果全素菜，10 元以内可解决，如果有荤菜，平均 30 元，取平均值 20 元。以上三餐是工作日期间，每个月 22 天，（5+10+20）×22=770 元。

②有时要买粮油，平均 1 个月按 100 元计算。

③每天水果花费每天按 10 元计算，每月 220 元。

④家中有个上幼儿园的女儿，女儿每天都要买零食，平均每天按 10 元计算，每月也有 220 元。

⑤以上为工作日期间，如果遇到周末，有时要带女儿外出游玩，全家花费更多。三人所有花费加起来，按每天 50 元计算，一个月 8 个休息日，共计 400 元。

⑥每月水费、电费、燃气费，每个月合计平均 200 元。

⑦日化用品、纸品等必需消耗品，每月按 100 元计算。

⑧以上只是日常必须开销。遇到换季，全家人要增添衣物；有时女儿头疼发热，也需要开销，这些暂不计算在内。

妻子的账单很多项目都是按最低标准计算的，必需的日常开销已达 2000 元。丈夫一对比就发现，妻子每月用掉 2500 元的生活费实在不算多，便不再说话。

俗话说："事实胜于雄辩。"当我们与别人沟通时，有时候仅靠讲道理，效果并不明显，如果能用数据来说话，最好还是用数据。用数据说话有以下几个优势：

（1）数据给人的感觉更真实、权威，说明不是信口雌黄、胡编乱造的。

（2）数据给人的感觉更精准、明确，不需要过多语言也能使人明了。

（3）数据的对比往往更直观，表达力度更强。

列数据的过程就是一个求真务实的过程，显然比苍白的语言更权威、更有说服力，如此便可避免很多无谓的争执。

总之，有条有理地说到点子上，就是要通过严密的逻辑思维能力让语言变得有分量。在交谈的过程中，还要穿插一些对方熟悉的事配合理解，这样的交谈更真实、具体、有人情味，也更能赢得别人的信赖。

▶ 怎样与不爱说话的人交谈

同学搬新家，邀请小周和朋友去庆祝。小周快走到同学家时，同学打电话告诉他："你先上去吧，我朋友在，我马上就回去！"小周到了同学家，只有他的那个朋友在。

小周看得出同学的这个朋友不爱说话。两人沉默了一会儿，还是小周先打破沉默，他问：“你是XX的中学同学吧？听说你很会打篮球！”这一句话就激发了对方的聊天兴趣。接下来的十几分钟里，他先说了自己与小周的那个同学的交情，然后又说到当年两人一起打篮球时的情景。小周时不时也插上一句，两人很快就熟悉了。大家分手的时候，这个朋友还称赞小周是个有趣的人。

有时候，我们会遇到一些性格内向、不爱说话的人。这种人要么不知道怎样讲话，要么想得多、说得少，如果想与他们聊尽兴，就要激发他们的聊天欲望，懂得一些打开他们话匣子的技巧。

1. 打开话匣子的一般性技巧

（1）直接提问

找到对方的兴趣点，就能打开对方的话匣子。可是对一个不爱说话的人来说，你根本不知道他在想什么，聊天就很难继续。所以，与他们交流的最简捷方法，就是提问。

可首先提问一些封闭式问题，让对方只能用“是”或者“不是”回答，如：“是这样的吗？”“你觉得这样对吗？”先让对方开口，然后再提问一些与人们生活场景相关的问题，慢慢引导他讲更多的话。如“今天食堂有什么菜，你知道吗”这类对方可能熟悉的问题，让他不得不说话。

（2）赞扬与提问并用

如果一味地提问对方，对方仍然无意多谈，就不要再单纯地提问了，否则有侵犯他人隐私的嫌疑。这时就要灵活应变，可以在提问的间隙，时不时加一些赞扬的语言，激发对方的表达欲望。具体做法是，在引导对方回答问题之前，先“戴高帽子”，肯定对方在某个领域的优秀之处。比如可以这样说：“听说你比较熟悉这方面，你是怎么看这个问题的呢？”即使对方不爱说话，听到这样积极的暗示也会有话可说。在对方讲的过程中，你还要不时加一些带有启发或鼓励的赞美之词，鼓励对方继续说下去。

（3）引发对方议论

不爱说话的人，未必心中没有想法，只要有合适的话题，就不怕对方不说话。我们可以用容易引起争论的话题做谈资，吸引对方参与。可用这样的句式：“据我所知，大家都是这样看待这个问题的，你觉得呢？”这样一定能让对方开口说话。只要对方开口了，接下来就可以根据他的说话内容找到新的话题。

（4）积极做出回应

要让一个沉默寡言的人将谈话持续下去，就不能让对方自己讲，要在他每讲完一段话之后就积极做出回应，告诉他他讲得很有趣、很有价值，你希望他继续说下去。注意回应不要太长，以免形成干扰，简单插入一句即可。比如可以说：“就是这样的。”“说得太对了！”“后面呢？”

也可以用点头、微笑等肢体语言鼓励对方继续，如果你饶有兴趣地盯着对方的眼睛，他也许会认为自己正在说一件前所未有的趣事，讲话热情也会更高，更喜欢与你进一步交流。

（5）不要打断

让一个不爱说话的人开口是非常困难的，一旦对方开口了，就不要轻易打断他，否则下次再让他开口将会变得更难。所以对方讲话时，即使你想到一个重要问题，或者对他所说有异议，也不要急着说出来，等到他把话说完，你再发表自己的见解也不迟。让对方感到受尊重，才会有愉快的交谈。

2. 打开话匣子的针对性技巧

不爱说话，又分很多情况。当以上一般性技巧仍然无法激起对方的聊天兴趣时，那就要根据情况，有针对性地换用其他一些沟通技巧。

如果对方是由于性格内向不爱说话，这时候要尽可能多地去了解，培养彼此的熟悉感，让他对你产生信任。因为性格内向的人并非不爱说话，而是跟不熟的人话不多，彼此一旦熟悉，内向的人也会滔滔不绝。

如果对方是由于表达能力不佳而不爱说话，这时候你要多鼓励他、称赞他，帮他建立起表达的信心。在对方说话的过程中，不要有嘲笑或不重视的表现。否则，对方在紧张的情况下，为了避免表达不佳，就会选择沉默。

如果对方是由于缺乏共同语言而不想说话，这时候就需要你去挖掘对方的兴趣点了。毕竟，人们总是喜欢跟自己思想相近的人聊天，相近的思维沟通起来效率更高、也更舒服，所以孩子可能与父母无话可谈，却能跟同学相谈甚欢；员工在公司不喜欢说话，跟朋友相聚却能妙语连珠。生活中有一些人走到哪里都很受欢迎，不过是因为他们的看法不偏不倚，能与多数人达成思想共识。这时候，拥有豁达宽广的胸怀、渊博丰富的知识就非常重要了。

总之，想要与不爱说话的人交流，根本原则就是激发对方的聊天兴趣，以对方感到舒服的方式打破沉默，以带有启发性、鼓励性的语言引导对方开口和继续，以便得到我们想要的信息。

第八章

懂幽默，跟任何人都能畅快交流

幽默能使严肃紧张的气氛变得轻松活泼，能让听者感到说话者的温厚和善意，是人际交往的润滑剂。一个幽默的人，会给周围的人带来欢乐，在人际交往中备受欢迎，跟任何人都能畅快交流。

▶ 善用幽默制造聊天氛围

日本保险大王原一平采取登门拜访的方式推销保险，这种方式通常令顾客感到被打扰，拒绝率很高。原一平就精心设计了“包袱”，在推销时制造喜剧效果，逗笑顾客，增强推销的趣味性。让我们看看他在敲开顾客家门后是怎样“抖包袱”的吧：

“你好，我叫原一平，是明治保险公司的保险员。”

“哦！又是推销员！我最讨厌你们这些人了，前几天你们的人才来过，我让他们吃了闭门羹！”

“是吗？我比那些同事看起来顺眼多了吧！”原一平一本正经地说。

“什么？上次那个起码长得高大魁梧，比你顺眼多了。”

原一平身材矮小，这是一个不争的事实。

“是吗？矮个子可都是好人呀！辣椒就是越小越辣！俗话说：‘人越矮，俏姑娘越爱。’这句话可不是我说的呀！”

“你这人怪有意思的……”

这样“往自己脸上贴金”的推销员，虽有厚颜无耻之嫌，却惹人发笑，起到了消除隔阂的作用，为进一步沟通创造了轻松愉快的氛围。

美国一项调查显示，具有幽默感的人，通常具有较好的人缘，能在短时间内缩短人际交往的距离，赢得别人的好感和信赖。而缺乏幽默感的人，则在一定程度上会影响人际交往。想要跟大家聊得愉快，就要培养自己的幽默感。

1. 寻找非常规表达方式

一个年轻人问爱因斯坦："到底什么才是相对论？"

爱因斯坦回答说："让你和一个年轻漂亮的姑娘坐在一起两个小时，你会感觉好像过了两分钟那么快；如果跟一个老太婆一起坐两分钟，你会感觉好像过了两个小时那么漫长。这就是相对论。"

相对论刚发表时很多人看不懂，爱因斯坦如果用纯学术的语言回答他，势必会将聊天氛围弄得非常凝重，而且对方未必能听懂，起不到沟通的作用。而这种形象的回答就不会让人觉得沉闷。

所以，如果你想要制造幽默效果，说话之前不妨先思考一下：还有更有趣的表达方式吗？然后利用夸张等技巧，尽量将一句平淡无奇的话说得不同寻常一些，逐渐培养自己的幽默感。

例如"我饿了"这句话，就有很多很有趣的表达方式："谁说吃货除了吃就什么都不会？他还知道饿。""只要活着，就一定能遇见好吃的。""我只是不想让嘴巴寂寞，我是吃货，我为自己代言！""吃，我所欲也；瘦，亦我所欲也。两者不可得兼，我嘞个去也！"

普通人看见一件事，会有正常的语言逻辑。有幽默感的人，则会打乱这个顺序，加入其他一些意想不到的内容，给平淡无趣的表达增添一些趣味，让别人听起来发笑，令人印象深刻。

2. 心态要积极，敢于拿自己开涮

任何事物都是多面性的，想变为幽默达人，就要有一个积极阳光的心态，将事物有趣的那一面呈现出来，达到幽默效果。

例如，下雨了，这是一个事实，它既不传达喜悦，也不传达悲苦，只是一个客观事实。不喜欢下雨的上班族可以这样感叹："下雨天不想上班，好想站在雨中大喊一声：我要穿越！"本是满腹牢骚，顿时变得很有喜感，令人忍俊不禁。也可以说："别说下雨了，就是下石头，我也得出去上班！"将下雨的无奈与自己的悲壮感巧妙地融合在一起，令人印象深刻。

心态对于培养幽默感非常重要。如果想不出怎样将语言表达得更有趣，那就试试拿自己开涮。还以下雨这件事举例，可以说："下雨了，人家都有伞，我只有大头！""我在家看到外面下雨，就大叫着'让暴风雨来得更猛烈些吧'冲了出去，结果雨停了。"

拿自己开涮，就不要把自己看得太重，要勇于放下面子勇敢自嘲。这样不但能使气氛融洽，也能给人留下宽厚谦卑的形象，容易使人亲近。那些身陷尴尬或者不幸的人，如果用自嘲的方式表达自己的遭遇，会更难能可贵，因为他们在减少朋友担心的同时，还能让别人看到自己的乐观、豁达。

3. 主动学习，提升幽默感

拥有幽默感的人，即使面对困难也会轻松自如。除了在日常生活中有意识地去练习幽默的表达方式；我们也可以通过其他一些渠道主动学习，从而提升幽默感。如看一些语言类综艺节目，学习主持人的说话方式；看一些与幽默相关的书籍等。通过模仿幽默达人的说话方式来锻炼自己的幽默感，必要时也可以背诵一些幽默的句型、段子。

一般来说，幽默的语言或有趣可笑，或意味深长，耐人寻味。只要我们怀着一颗制造幽默的心，用敏锐的洞察力与想象力将一件普通事表述得有趣味一些，就能起到活跃气氛的作用，达到愉悦众人的效果。

▶ 尴尬瞬间，巧用幽默来解围

崔永元到广州参加某个活动时，一个大学生问他："听说你语言天赋了得，会说方言吗？我会多种方言，你敢同我比试比试吗？"

然后大学生当场说了几句广州话、客家话和潮汕话，还让崔永元猜自己说了什么。

崔永元说听不懂，于是便"谦虚"地问他叫什么名字，又问他是哪个学校、哪个班级、哪个宿舍的。大学生一一作答。后来大学生感觉不对劲，就问崔永元："你问这么详细想干什么？"

崔永元坏笑着说："没什么，我回北京以后，是想抽个时间向国家语委报告，在广州的某一个学校，有一个不提倡讲普通话的角落，方言很盛行，请他们来查一查……"

围观群众大笑，为崔永元的机智鼓掌。

面对恶作剧式的提问，崔永元没有生气，反而用诙谐轻快的妙接妙对，既让听众感到快乐，又为自己解了围，皆大欢喜。

调查发现，具有幽默感的人，在日常生活中人缘更好，在短期内更能缩短人际交往距离，赢得别人的好感和信赖。因为，幽默的语言可把人们带进愉悦的氛围，有消除敌意、缓解摩擦、防止矛盾升级的作用。聊天时若遇到尴尬瞬间，不如用幽默打破。

怎样使用幽默解围呢？这里介绍几种技巧。

1. 移花接木，转移对象

在某一期的《非诚勿扰》节目中，一位戴眼镜的男嘉宾上场，其外在形象赢得了很多女嘉宾的好感，只有 3 号女嘉宾不为所动，主持人孟非询问她原因。她说："我不喜欢戴眼镜的男人，我觉得戴眼镜的男人很猥琐。"这句话令男嘉宾很难堪。孟非立即帮他解围："我知道，你是醉翁之意不在他而在我；我没什么地方得罪你吧！不过，我得告诉你，戴眼镜的男人并不一定猥琐，这个我老婆可以给我证明。"男嘉宾这才微笑起来，观众也为孟非的机智鼓掌。

无端受辱的男嘉宾，主持人有必要帮他走出难堪之境。因为孟非也戴眼镜，便移花接木，将战火引向自己，以自己老婆为例反驳，既幽默风趣，又略具自嘲式的慷慨大度，因此赢得观众的称赞。

2. 故意曲解别人的话

有一次，英国首相丘吉尔在公开场合演讲，有人从台下递上一张纸条，上面写着两个字：笨蛋。丘吉尔知道，这是反对者故意看他出丑，便从容地对大家说："刚才我收到一张纸条，可惜写纸条的人只记得署名，忘了写内容。"

若按照常规理解，这里的"笨蛋"是在骂丘吉尔。他若反击，显得没有心胸；若置之不理，对方也许还会继续挑衅。于是就将骂人的话曲解为对方的名字，化解了危机。

曲解在幽默中的用途很广，丘吉尔这里是对词语意思的曲解，除此之外，也可曲解别人的目的或是曲解一个事物等。几乎任何事物、任何话语都可曲解成与事物本来面貌大相径庭的样子。

比如古代。有一位巡抚，由于精神压力过大，患上了抑郁症，看了很多大夫都未见效。后来遇到了一位名医。名医诊脉之后对他说："你患了月经不调症……"巡抚一听哈哈大笑，此后每想到此事就忍不住笑一会儿，抑郁症慢慢就好了。名医在这里将抑郁症曲解为女性的月经不调症，实属无稽之谈，却令人发笑不止。

不用担心曲解得不合理。事实上无论事物被曲解得多么不合理，只要打破人们的定向思维，人们的注意力就会被转移，就起到了解围的作用。比如当记者询问范冰冰如何看待南有周迅北有范冰冰的"南周北范"时，范冰冰很是尴尬。韩寒帮忙说："我觉得这句话的意思就是，《南方周末》应该成为北方报业的典范。"范冰冰的尴尬便消失在大家的哄堂大笑中了。

3. 善用自嘲

主持人李咏的脸长而窄，而且嘴大眼小，鼻梁挺，还长期留着一头长长的鬈发。对于自己的形象，李咏从来不避讳，反而多次拿自己的"长脸"进行自嘲。

有一次，一个记者问他："你的脸到底多长，量过吗？"

李咏夸张地说："今天早上的汗现在刚流到下巴！"

记者又问："你头发这么长，想过换个发型吗？"

李咏自嘲道："想过呀，但头发又少又软，如何盖得过这张长脸？”

由于李咏的自嘲，记者刁钻的问题并未造成剑拔弩张的氛围，反倒体现了他幽默风趣的本色，令人记忆深刻。

人生在世，难免会经历陷入尴尬之境的困窘。机敏者自可从容化解，反应迟缓的人如果不想一脸难堪，不妨试试用自嘲的方式来转移人们的关注焦点。这样不但可以摆脱尴尬，还可以让自己的形象得到提升。

当然，如果你既能灵活运用各种幽默方法化解自己的困境，又能在其他人陷入尴尬境地时及时帮忙解围，那这个善举一定会得到别人的感激。利人利己，功德无量！

▶ 学几招幽默技巧，变身幽默达人

小王与岳父母聊天，谈论的是关于脱发的话题。

岳父说：“想当年，我的头发跟你一样茂盛，现在老了，掉了不少。”

小王接口说：“我听说头发多的人别处毛发也多呢！”

岳父听到他的话哈哈大笑。

小王想要展示自己的幽默，就对岳母说：“你的头发好少，这么说你其他部位的毛发也很少喽……”

岳父母的脸色都很尴尬，小王才惊觉自己说错了话。

幽默是社交的调味品，幽默的人虽然更受欢迎，但前提是幽默技巧高明。如果不能灵活运用幽默艺术，就会像上述的小王一样，不但不能化解尴尬、制造欢乐气氛，反而还会使聊天氛围更尴尬。

这里介绍一些幽默的常用技巧及规律，使普通人也能自如运用幽默。

1. 夸张法

一个剧作家请小仲马看他的剧作演出，看的过程中，小仲马不住回头数数："一个，两个……"剧作家问他在干什么，小仲马说："我在帮你数打瞌睡的人。"

过了一段时间，小仲马的《茶花女》上演，这个剧作家也学小仲马，频频回头查看观众情况，好容易找到一个打瞌睡的人，于是高兴地对小仲马说："没想到看你的《茶花女》也会有人打瞌睡！"

小仲马回答说："你错了！难倒你不认识这个人吗？他就是上次看你剧作时睡着的那个人，到今天还没有醒呢！"

一个人当然不会睡这么长时间，小仲马只是用夸张的手法来证明自己的剧本比对方的好看，具有强烈的幽默感，对方是不会继续纠缠到底谁的剧本更好看的。

夸张是一种修辞手法，当我们想要表达事物的形象、特征、作用、程度等方面时，可以着意夸大或缩小，从而启发或引起听者的想象，加强表达效果，因此是很多幽默达人常用的幽默技巧。比如喜剧脱口秀节目《吐槽大会》中的嘉宾就擅长用夸张的方法吐槽别人。沈凌这样吐槽张亮："张亮身高比较高，有一米八八。我要有那张脸，我也有一米八八。"池子吐槽李诞的眼睛小："一次只能看一行弹幕，这个《吐槽大会》，得看七八遍才能把弹幕看完。”

2. 比喻法

一个哲学老师正在上课，课堂上的女学生喜欢说话，老师便说：“你们叽叽喳喳，简直胡闹。一个女孩相当于五百只鸭子。”

过了一会儿，一位女生对他说：“报告老师，外面有一千只鸭子找您！”

老师感到莫名其妙，出去一看，原来是自己的妻子和女儿。

这个女生转用老师的比喻，再加上简单的数学计算，给人以妙趣横生之感。

比喻通过把一种事物比作另一种事物，使人更容易理解。通过比喻制造幽默，比喻越贴切，幽默越活泼生动。

如钱锺书的《围城》中提到鲍小姐时这样介绍：“有人叫她‘熟食铺子’，因为只有熟食店会把那许多颜色暖热的肉公开陈列；又有人叫她‘真理’，因为据说‘真理是赤裸裸的’。鲍小姐并未一丝不挂，所以他们修正为‘局部的真理’。”赵辛楣称方鸿渐为“同情兄”，因为同在一个学校叫“同学”，所以同一个情人就叫“同情”了，这个词语在一定程度上调侃了方鸿渐的性格，令读者莞尔。

运用比喻法的幽默一般出现在文学作品或书面语中，网络语言“丈夫就好像火一样，稍稍不加注意就往外窜出去了”“做生意不登广告，就好像在黑暗中向女人眨眼一样”“如果睡眠是一种艺术，谁也无法阻止我追求艺术的脚步”等，也是这种方法的运用。

3. 歪解法

歪解法即以似是而非的荒唐道理去解释大家熟悉的事物，使人啼笑皆非，从而产生幽默感。“歪”得越离谱，幽默味越浓。

如歪解大家耳熟能详的至理名言。有人将“你若安好，便是晴天”，巧妙地化用为“你若安好，便是晴天；你若安不好，便过不了这个夏天”来形容空调的安装。或者用“你若安好，便是晴天霹雳”与朋友互相调侃打趣。

类似的还有“一失足成千古风流人物”“孟姜女哭倒长城干红，白娘子水漫金山词霸”“三分靠拼命，七分靠打扮”等。很多名言警句、古代诗词、广告语、鸡汤语，换个说法，立刻就变得幽默风趣起来。

4. 其他

随着微信公众号流行的负能量真相句子，虽然很损，但在适当的场合讲出来，也能活跃气氛。如：“虽然你长得丑，但是你想得美呀。”“假如今天生活欺骗了你，不要悲伤，不要哭泣，因为明天生活还会继续欺骗你。”“又一天过去了。今天过得怎么样，是不是离梦想更远了？”……一般聊天鼓励说称赞的、积极正面的话，但熟人之间用这种又黑又损的话互相调侃，反而能起到活跃气氛的作用。

如果上面这些技巧你未能及时想起来，也可根据具体情况随机应变。例如你想表达“今天的菜很咸”这个意思，不要直接陈述，而是为这件事加一些前因后果的猜测。如“国际食盐价格下降了吗”，或者“我一会儿得喝一桶水，稀释下盐分”。别人一听就知道这是个笑话，但也明白了“菜很咸”这个真相。

日常生活中要养成多观察、多记录、多思考的习惯，一边记住身边的小幽默，一边思考其中的逻辑，然后根据其中的逻辑灵活运用。如上述“虽然你长得丑，但是你想得美呀”，就可总结为“虽然（某种负能量），但是（另一种负能量）”，并将其运用到很多方面。

▶ 自嘲是一种高级的幽默

美国影星洛伊年轻时一直活跃于银幕之上，后因身材变形，日渐发胖，不好意思去海滨浴场游泳，每次朋友邀请，她都会找各种理由拒绝。

在一次记者招待会上，一个记者针对这个问题问洛伊：“您是不是因为自己太胖，怕出丑，才不敢去海滨浴场游泳的？”

洛伊略为思索，很干脆地回答道：“我是因为胖不去海滨浴场的，我担心我们的空军驾驶员在天上看见我时，会以为自己又发现了一个岛屿。”

在场的人听了她自嘲、夸张的话，不禁发出阵阵欢呼声。

这个记者的问题其实很难回答。如果直接承认“怕出丑”，对一个女明星来说，在记者招待会这样的场合是很不利的。如果不承认“怕出丑”，又与自己不好意思去海滨浴场游泳相矛盾。洛伊的回答没有回避自己肥胖的问题，但她对肥胖进行了夸张，回答得形象生动而富有幽默感，避免了自己是否“怕丢丑”这样的尖锐问题，既没有被记者牵着鼻子走，又活跃了气氛，向大家展示了自己的风度和人格魅力，令人印象深刻。

自嘲，就是开自己的玩笑，自我嘲笑，让自己笑的同时，也让周围的人感到快乐。如果说幽默是聪明人才能驾驭的语言艺术，那么自嘲就是一种高级的幽默。

1. 自嘲绝不是自轻自贱

有的人认为，自嘲是自轻自贱，自取其辱，太没面子了。这种想法是大错特错的。

著名主持人杨澜在一次大型活动的主持中被绊倒在地，她不慌不忙地说："我的滚翻动作还不过关，下面请看著名的舞狮节目。"表面看来，杨澜这样形容自己很不文雅，可已经"绊倒在地"，还能再糟糕到哪里呢？不如索性夸张一下，反倒让大家觉得她反应很快，主持功底强。

自嘲通常用来化解尴尬，其目的是通过自暴缺陷的方式给人一种"这个人好弱、看起来很好相处"的印象，是以一种低姿态的方式促进沟通，但不是盲目地贬低自己，也不是自取其辱。

2. 自嘲是自信和胸襟豁达的体现

当代著名书画家启功写过一首《自撰墓志铭》，其中有言："中学生，副教授。博不精，专不透。名虽扬，实不够。高不成，低不就。瘫趋左，派曾右。面微圆，皮欠厚。"寥寥数言就刻画了一个谦虚自信的长者形象。

自嘲是自信的体现，不自信的人不会拿自己的缺陷开玩笑。演员潘长江身材矮小，他就很自信，每每拿自己的身高开玩笑，自称"袖珍男子汉"，一句"凡是浓缩的都是精品"更是家喻户晓。

自嘲还体现了一个人豁达的胸襟。当遇到尴尬和困境时，如果我们宁可取笑自己，也不与别人发生争执或取笑别人，这种自知、自娱及勇敢面对自己不足的坦诚，会令人肃然起敬。

3. 自嘲是一种社交智慧

第二次世界大战期间，丘吉尔到美国寻求援助。有一次，他洗完澡没穿衣服便走进房间，恰遇罗斯福总统找他。罗斯福亲眼看到了丘吉尔一丝不挂的样子，感到很尴尬。丘吉尔反而幽默地说："罗斯福先生，您瞧，我这个大英帝国的首相，可是什么也没有对美国总统隐瞒啊！"说完，两人都哈哈大笑，一语双关又坦诚相见，巧妙化解了尴尬。

自嘲往往是以夸张、形象的方式揭示自己的缺陷，把一件非常难堪的事用自嘲的方式说出来。既充满喜感，又能很好地表现你的真诚和坦率，让别人感到你豁达的气度和异于常人的自信，从而赢得别人的好感。

人难免会遇到尴尬和困境，当我们遇到不公平待遇或受到不合理的评价时，或是被对方问及一些自己感到难堪的事时，用自嘲的方式化解，不但可以帮助我们摆脱窘迫和尴尬，还能为别人提供快乐，何乐而不为？人生在世，不过是有时笑笑别人，有时被别人笑笑。

4. 自嘲是热爱生活的表现

自嘲是对生活乐观的一种体现，敢于自嘲的人，往往是自信、乐观、幽默的人，他们对自身有着深刻的领悟和自知。

苏格拉底的妻子很泼辣，他说："讨这样的老婆好处很多，可以锻炼忍耐力，加深修养。”

林肯眼睛小，脸很长，算不得好看，在政敌攻击他是“两面派”时他说：“如果我还有另外一副面孔的话，还会把这样一副难看的面孔带到会场来吗？”

孔子周游列国，狼狈不堪，听到别人形容他像条丧家之犬，反而哈哈大笑道：“说我像条丧家之犬，对极了！对极了！”

罗曼·罗兰说过：“世上只有一种真正的英雄主义，那就是认清生活的真相后依然热爱生活。”正是由于对生活的热爱，自嘲者能发现自己的可笑之处，并将这可笑之处讲出来，娱乐自己，也娱乐他人。所谓“自作聪明者笑别人，真正聪明者笑自己”，说的就是这个道理。

▶ 幽默也讲究分寸

小周不到30岁就秃顶了。有一次，小周的设计方案赢得了一个大客户的认同，领导很高兴，重重地表扬了小周。同事小马凑趣说道：“真有你小子的！真是‘热闹的马路不长草，聪明的脑袋不长毛’！”一席话说得大家哈哈大笑，但原本就在意自己秃顶的小周却笑不起来。

幽默的目的是活跃气氛，逗大家一乐，但若结果与初衷相悖，再高的幽默技巧也失去了意义。小马的幽默虽然起到了逗人发笑的作用，但以戳中小周的短处为代价，伤害了小周的感情。所以，幽默也要注意时机、场合和听众，掌握好分寸，不要将幽默变成闹笑话。

一般来说，制造幽默，要避免以下几个雷区。

1. 男女有别

小刘总是大大咧咧，喜欢开玩笑。有一天，他在一个展销会上遇到了某公司的经理赵丽。小刘很早就听说过赵丽的大名，对她的营销手段非常佩服，有心结交她，就走过去敬酒。那天赵丽身体不舒服，不想喝酒，就表示可以以茶代酒。小刘说："交杯酒总得喝吧？来，咱俩这一杯，就当是交杯酒了！"大家哈哈大笑，赵丽却红着脸离开了。

小刘的玩笑，用在男性之间时无可厚非，大家在嬉笑中可以起到拉近彼此感情的作用。但小刘开玩笑的对象是一个女性，这就不是幽默了，而是放肆、轻佻，会令人家感到难堪，所以赵丽离开了。

一般来说，男性不宜对女性开玩笑。同理，有异性在场的情况下，也不要拿庸俗、无聊甚至低级趣味的玩笑当作幽默，这样很容易引起他人的反感和厌恶。

2. 不要开领导的玩笑

领导要去外地谈一个大客户，当他穿着一身崭新的灰西装、灰领带加一件白衬衫来上班时，大家看到后都没有说话。只有前台小夏甜甜地打招呼："今天穿新衣服啦？"领导抿嘴而笑。她做了一个鬼脸，捂着嘴对领导说："穿得像只灰耗子哦！"大家听到后暗暗发笑，不敢去看领导那张尴尬的脸。

领导是员工尊重的对象，哪怕与领导关系很熟，也不要轻易开他的玩笑，否则一不小心就会冒犯领导的尊严，使他觉得自己被轻视、被戏弄了，尤其是有其他人在场的情况下。如果想要开领导的玩笑，最好是积极的、善意的，能起到赞美他、抬高他、尊敬他的作用。

同理，最好也不要开长辈的玩笑，以免给人没大没小的印象。如果想要对长辈开玩笑，也要以尊敬他们为前提。

3. 不要拿别人的短处和痛处制造幽默

吴先生的母亲去世了，他非常难过。他的朋友安慰他说：“别难过了！希望你不要坐坛子放屁——响（想）不开！”吴先生听到朋友的安慰反倒怒了。

生理缺陷，心理伤痛，每个人多多少少都会有类似的伤心事，一个有良好道德修养的人是不会将别人这些痛苦当作笑料的。哪怕幽默的制造者成功地活跃了气氛，对当事人来说依然是无礼的、不道德的。

4. 不分亲疏

小杨是新员工，上班第一天，为了快速与同事们熟悉起来，他有意让自己表现得大大咧咧一些，甚至还会开别人玩笑。同事小张穿了件粉色衬衫，大家都以调侃的语气夸他的衣服，小杨也附和着说：“比那些美女明星漂亮多了！可以与小鲜肉谈恋爱了！”小张能忍受相熟的同事们的打趣，对小杨却无法忍受，直接来了一句：“我们很熟吗？”

一般来说，我们可以跟自己熟悉、亲近的人开玩笑，即使效果不太好，对方也不会生气。不要与关系疏远或者不熟悉的人开玩笑，因为你不知道对方的忌讳，一个不注意说不定就冒犯到他了。

5. 幽默的素材要健康

一个钢琴家到某地演奏贝多芬的名曲，当天的气温较低，进场听众不多，剧场内的座位空了一半。钢琴家看到这种情形，幽默地对大家说：“我发现咱这个城市的人都很有钱，每个人都买了两三个座位的票。”这句无伤大雅的玩笑话引得听众哈哈大笑。

幽默的素材取决于说话者的思想情趣和文化修养。钢琴家的自嘲不但化解了尴尬的局面，而且无形中还提高了他的魅力指数。所以，我们在制造幽默时，也要选择一些内容健康、格调高雅、能给人以深刻启迪和精神享受的素材，不要将一些涉黄、涉及别人隐私、带有歧视或贬低他人倾向，或是来自某些小道消息的内容当作笑料。这些都属于内容不健康、低格调的玩笑，很容易引起他人的反感和厌恶。

6. 幽默要注意场合

美国总统里根到国会参加一项会议，他为了试试麦克风是否良好，决定随便说点什么，就开了一个玩笑：“女士们、先生们请注意，五分钟之后，我们将对苏联进行轰炸。”这句话立刻引爆了会场，参会人员纷纷质问这个消息的真实性，然后这句话很快成为一条爆炸性消息被传播到世界各地。尽管里根再三强调这只是一个玩笑，苏联政府仍然对此事提出强烈抗议，里根不得不诚恳地道歉。

里根以美国总统的身份在国会上说这样的话，影响太深远，虽然他以为“这只不过是一个玩笑”。所以，制造幽默要注意大环境，如果场合不对，幽默不但起不到应有的作用，而且还会招来非议。

总之，幽默不能随意乱抛。如果你只在意幽默的效果，忽略了他人的感受，就容易失了分寸，对他人造成伤害。当你想要幽默一下的时候，先考虑一下自己的幽默是否会伤害到别人。如果不确定的话，最好不要强行制造幽默。

第九章

要想沟通无障碍，就要懂得分寸

“行不可至极处，言不可称绝对。”分寸感是一个人说话水平高低的重要体现。在这个快速变化的世界里，我们说任何话、做任何事，都要把握尺度和分寸，言论不可太过，语言不可太直接，话语不可向着一个方向发展到极端，而无转圜的余地。给别人留余地，就是给自己留空间。

▶ 话到嘴边留三分

张总打算在裁员时裁掉一名员工，这个员工是某经理介绍来的，他考察了一段时间后发现这个员工没有培养空间，但又不想伤害经理。于是张总对经理说："公司打算裁掉一批人，你部门也有几个名额，你有什么想法？"

经理提了几个名字，张总没有否定，而且又提了几个人，然后说到上面的员工："他脾气很好，但性子太随和了一点儿，不过跟同事相处不错。"

经理想了想，明白了张总的意思：自己介绍的员工很合群，但除此之外没有任何优势，属于可有可无的人，肯定要被裁掉。张总没有明说，就是给自己留面子了。于是在公司裁员的时候，经理主动将自己介绍的那名员工的名字交了上去，张总非常满意。

中国人通常比较在意别人对自己的看法，所以，有时候我们不能直截了当地告诉别人我们内心的真实想法，以免伤了彼此的面子，再无回旋余地。"话到嘴边留三分，不可全抛一片心"，就是说，不要把话全部说出来，说出来七八分，其余让别人自己领会就行了。

1. 凡事留一线，日后好相见

变化是世界唯一不变的规律，任何事情都有可能发生。所以，我们说话时不要太绝对，更不能在身处优势时逞口舌之快，把话说死、说绝，也许未来会发生什么改变呢！

小唐是一个心直口快的人，说话总是脱口而出，不考虑后果。有一次，她与一个同事发生了矛盾，她一气之下说道："以后我再也不会跟他合作了，求我也不行！"结果三个月后，那个同事升职了，成为她的部门主管，小唐这才后悔当初不该把话说绝。

"凡事留一线，日后好相见。"无论发生什么事，我们都不要把话说得毫无转圜余地，尽量使用"可能""也许""尽量""考虑"等意思较为模糊的词语，而不说"绝对""一定""必须""保证""都""不会"等词语。如别人请求你帮忙时，可以说："我尽量……，我试试……"当上级交代工作时，可以说："应该没问题，我全力以赴。"

另外注意，不要轻易给一个人下定论，说类似这样的句子："这个人一辈子都不会有出息！"人生漫漫，变数很多，也许他日别人不再是"吴下阿蒙"了呢？管好自己的嘴，给别人留些余地，也给自己留些进退的空间。

2. 得饶人处且饶人，话到嘴边留三分

《红楼梦》中的晴雯，说话尖酸刻薄，嘴巴不饶人。管家林之孝的女儿小红，被凤姐叫去送东西，她夹枪带棒地讽刺人家"攀高枝"；贾宝玉的奶妈李嬷嬷，有事没事喜欢仗着自己的身份生事，她就把李嬷嬷这些事全部捅给宝玉；坠儿偷了平儿的虾须镯，别人

都不管，她偏把事情揽下来，甚至用私刑严刑逼供，自作主张要将坠儿撵出去。更因多次对袭人冷嘲热讽，多次得罪人。凡此种种，晴雯处处给自己树敌，最终因张狂骂人的样子被王夫人看见，落得悲惨的下场。

口才好，并非意味着把别人说得无话可说，而是要知道哪些该说，哪些不该说。如果不管自己是否有理，只凭着自己的语言优势打击别人，甚至使别人毫无招架之力，这就断了自己的人缘，加深了别人的敌对心理。

“得饶人处且饶人，话到嘴边留三分”，就是告诉我们：口才是用来明事理的，不是用来攻击别人的。当遇到分歧时，点到为止即可，要给对方留下台阶，而不要赢了辩论，输了社交。

3. 不可全抛一片心，不是所有话都能说

“话到嘴边留三分”有两层意思，一是“不说绝”，二是“绝不说”。好口才的人不但知道能说什么，还要知道不能说什么。

一般来说，下面这些方面的话不能说：

（1）机密的话

每个人、每个家庭、每个机构都有自己的秘密，《周易》中说：“君不密则失臣，臣不密则失身，几事不密则害成。是以君子慎密而不出也。”在传媒发达的今天，每个人都要为自己的言语负责，养成不随便乱说机密的习惯，无论是有关他人的还是公司的。

（2）隐私的话

每个人都有自己的隐私，既然是隐私就不希望被人知道，所以就算你知道了别人的隐私，也要尊重别人，不要随意暴露。

（3）评价的话

一件事只要已经有了定论，就不要再做无谓的评价，也不要随便提出自己的想法和建议。而对于已经发生的错误，与其穷追不休，不如及时止损。

（4）负气的话

人在生气的时候，最好让自己冷静下来，不要随便发言，因为气头上说的话容易伤人，害人害己。

（5）抱怨的话

当遇到不满时，能接受就接受，不能接受就努力让自己接受，以更好地适应。不能既不接受，又不愿意改变，满腹牢骚。这些牢骚话如果被有心人借题发挥，只会让你自食苦果。

此外，损人利己的话、夸夸其谈的话、谎话、泄气话都不适合讲。因为“覆水难收”，说出去的话就像泼出去的水，不能再收回来，所以话出口前一定在脑海中过一圈，三思而“言”。

▶ 有些事，看破不说破

郑武公想要攻打胡国，却将自己的女儿嫁给了胡国国君。

有一天，郑武公问大臣：“寡人想要对外用兵，该去攻打哪个国家呢？”

大臣关其思回答说：“可以攻打胡国。”

郑武公听后大怒，下令将其诛杀，并且说：“胡国是寡人的兄弟之国，你说攻打他，是何居心？”

胡国国君听到这件事后，认为郑国是自己的亲人，不加防备。郑武公却命令军队偷袭胡国，而后灭掉了胡国。

郑武公前脚将公主嫁给胡国国君，后脚便向大臣要计谋，大臣们恐怕都知道郑武公急于扩张的真正打算。事实也证明了关其思预言的正确性，但他却被郑武公杀了。其他大臣未必就不知道这一点，却无人挑明。关其思之祸，就在于祸从口出。

有些事，也许你一眼便看破了，却不一定要将你所知道的都说出来。碍于对象、场合和时机，不是所有话都可以说破的，否则可能会让人下不了台，使彼此陷入尴尬的境地。

1. 口无遮拦不过是优越感在作祟

隋朝大将贺若弼出身将门之家，因伐陈有功被封上柱国，晋爵宋国公，威望隆重。但他仍然不满足，认为自己的官职低了，自以为功名应在群臣之上，常肆无忌惮地在别人面前发牢骚，不但说其他大臣的是非，也说了皇帝很多坏话。

这些话很快就传到隋文帝耳朵里，隋文帝念其功劳，顶着众卿奏请斩杀的压力多次告诫他，却收效甚微，隋文帝便不再重用他了，只是每次宴请赏赐都给他很高的待遇。有一次突厥使者来朝拜，使者表演射箭，一发即中，隋文帝说："除了贺若弼，这里没有人能比得过他了。"于是命贺若弼引弓射箭，贺若弼果然一发即中，隋文帝对突厥使者说："此人是上天赐我的！"

隋文帝的不介意使贺若弼更加得意忘形，总也管不住自己的嘴巴。隋炀帝杨广即位后三年，贺若弼又因为私下说皇帝坏话被人奏报，隋炀帝以诽谤朝政为由将其诛杀。

《皇帝的新衣》中，皇帝会原谅那个捅破窗户纸说真话的小孩儿吗？所有人都清楚真相却不敢说，稚子天真，童言无忌，却令皇帝更为难堪。

人们一般都会不同程度地拥有某种优越感，如职业优越感、长相上的优越感、家庭优越感等。但大多数人在人际交往中，都会不自觉地收敛自己的优越感，最大限度地寻找与别人的共性，实现和谐交往。口无遮拦的人却不懂得收敛，反而高度自恋、过度膨胀，说话做事无所顾忌，不会因为说了伤害别人的话而内疚，也不在意自己会得罪谁，颠覆世人公认的交往原则也无所谓。贺若弼就是典型的居功自傲，隋文帝的宽宏大量成了他一再挑战皇权的优越感源头，即使被疏远也无所顾忌。到了隋炀帝杨广时，终于付出了生命的代价。

所以，有些话不知道当说不当说的时候，最好不说。如果很想说，那就先问自己一个问题：我为什么要说？说了对大家有好处吗？非说不可吗？

2. 别揭人之短

解女士家的马桶堵了，她请了一个疏通工来疏通。这个疏通工一看就是农民工出身，他的机器又笨重又破旧。解女士把疏通工带到卫生间门口，站着看他疏通。冬天气温低，疏通工通了很久都没好，似乎有什么东西卡在了里面。疏通工正要把手伸进去，看到门口的解女士，又停下了。解女士于是就走开了。又等了一会儿，疏通工说好了，解女士马上准备了一些温水让疏通工洗手。疏通工连声道谢，还说：“谢谢你没嫌我脏。上次我去一家，主人说我干的活儿太脏了，别弄脏了水池，疏通后赶紧让我走了。”

疏通工的衣着和干的活儿都“脏”，解女士不是没有看见，但她什么都没说。疏通工一定知道自己的形象不堪，所以不愿意别人看到自己更不堪的一面，才没当着解女士的面将手伸进马桶。此时如果有人点破疏通工的“脏”，他一定觉得自己的人格受到了莫大的侮辱。别揭人之短，就是不点破那些令人难堪的事，或把不便说的事换个方式表达出来，所以解女士离开了。

我们在与别人交流时，要避免使用那些刺激性的字眼，避开别人的敏感区。比如我们不能说一个胖子“肥”，可以说他“体格健硕”；不能说一个腿脚不方便的人“瘸子”“跛子”，在非提这个话题不可时，可说他腿脚“不方便”；不能说一个人“矮”，可形容他“灵活”……即便你性格直爽，也不能以此为借口用残酷的话语中伤别人。即便你做不到口吐莲花，也千万不要让自己变成毒舌之人。记得选择善意的表达，避开那些刺激性字眼！

别揭人之短，还要避免提及别人内心不愿提及的隐痛。无论是在普通交流中，还是发生争执时，讲话都要顾及情面，不要将一些陈年旧事一股脑倒出来，更不要攻击别人的短处和伤疤。揭人老底的行为比直接打人耳光更令人难堪。

总之，要管住自己的嘴，不要什么话都说出来。即使“心直”，也不要“口快”。你那些脱口而出的话，也许没有任何恶意，只是纯粹地“过嘴瘾”，却有可能伤害到别人的尊严，戳到别人的痛处，别人并不会因为你是“无意的”而原谅你。

▶ 太直、太具体的话也会太伤人

刘邦的大军攻下咸阳之后，看到秦宫金碧辉煌，美女如云，珍宝异物不计其数，如入仙境。刘邦为秦宫的美好所倾倒，想就此安居宫中，坐享荣华富贵。

武将樊哙直接闯入刘邦宫闱，大声嚷道："沛公将来是想坐拥天下呢？还是想就此罢手做个富家翁呢？"刘邦听到这话怒了。

樊哙气得大叫："沛公就这点心胸吗？这样的宫殿就将你迷住了吗？你还记得大秦是怎么灭国的吗？就是因为贪图享乐！你还不赶紧清醒清醒，跟我们回到霸上！"刘邦大发雷霆。

樊哙请张良劝说刘邦。张良规劝道："因为秦王的无道，沛公才能顺利到达咸阳。既然沛公是为了除无道而来，便应行有道才是。现在汉军才刚刚入秦都，沛公便躺倒在温柔乡中，恐怕很快就要走亡秦的道路了！'忠言逆耳利于行，良药苦口利于病'，樊哙的话虽然不好听，但句句忠言，全是为沛公的将来考虑，还希望沛公尽快明断，千万不要再执迷不悟了！"

樊哙和张良的谏言，讲的是同一个意思，但樊哙说话直白、刺耳，不但没有起到劝谏的效果，反而惹怒了刘邦。张良侃侃而谈，将利害关系说得清楚明白，而且没将樊哙的劝谏之功据为己有，使刘邦幡然悔悟，欣然接受了他的建议。

语言是一门艺术，我们要像张良一样，说话讲究方法。在表达不是那么悦耳的内容时，不明说，不直说，委婉点醒对方，让对方更容易接受。

1. 避免使用暴力沟通

有位父亲看到儿子沉迷于电脑游戏，将一把上膛的手枪放在儿子面前，愤怒地说：“再玩游戏你就别活了！”在父亲转身的一瞬间，儿子真的扣动了扳机，自杀身亡。父亲事后后悔不已。

很多人没有意识到，语言暴力也是一种杀伤力巨大的武器，一句不妥的话就像一把插进别人心里的刀，给别人留下难以抚平的永久伤痕。所以，我们在与人交流的时候，要特别留意，想想自己是传达了柔情蜜语，还是语言暴力。对于那些易于伤害别人的事，更要注重非暴力沟通，斟酌字词，尽可能地委婉，避免单刀直入式交流。

什么样的话语是“暴力沟通”？

简单来说，会给自己和他人带来痛苦的语言都是暴力沟通，一般在道德评判、与人比较、回避责任、强人所难时，易造成暴力沟通。所以要求我们在说话时最好做到以下四点：

（1）观察见闻但不做出评价

如评论一个设计方案，不说“太差了”，而说“颜色有些暗 / 图可以放大一些 / 文字再精简一些……”

（2）表达事实而非想法

如评论一个迟到的员工，不说“我对你很失望”，而说“你今天来晚了”。

（3）说出自己的需求

指责、批评往往容易引来别人的辩驳，不如直接表达内心的真正诉求，让对方更好地理解你。

（4）提出请求而非命令

如可以对爱人说：“我希望你周末陪我看场电影”，而不说“你得对我好点，多陪陪我”。

2. 用模糊性语言处理麻烦

性子直爽的人往往比较重视沟通效率，与人交流喜欢单刀直入，表达自己的诉求常常简单粗暴。如果是熟人，大家也许不计较。如果关系不熟，别人未必能接受这种简单粗暴式的对话。所以，如果不擅长用迂回曲折的方式讲明一件事，至少可以做到不那么简单直白，不妨试试用模糊性语言来处理。

一辆旅游车途中出了点小问题，停了下来，乘客不禁有些骚乱，大家纷纷围着导游追问天黑之前能否到达目的地。现场一片混乱。导游拿起话筒，面带微笑地对大家说：“大家不要着急！汽车只是出了一点儿小故障，一会儿就能修好，不会耽误大家行程的，耐心等一会儿就可以启程了。”在她的安抚下，骚乱停止了，乘客慢慢恢复了安静。

导游在这里就用了模糊性语言——“一点儿小故障”，而没有告知乘客具体出了什么麻烦，大家的急躁心理暂时得到了平复，避免了冲突和不愉快事情的发生。

避免把话说得太直接，就是不要把那些不必要、不可能的情况说得太实、太死，给出一个模棱两可的说法，让听者不辨虚实，从而让自己有回旋的余地。

3. 话出口之前，先考虑别人的感受

通常爱说实话的人，都是“重事实真相，轻感受情绪”，说话前没有考虑周围的环境和别人的感受，结果事实陈述完毕，自己得罪了人也不知道。

想要避免类似事情的发生，话出口之前，要做到以下几点：

（1）说话时不要只顾着眼前的事情，而要站在全局考虑

将有关这件事的所有人都考虑进去。例如，当秘书接到某协会邀请老板去参加活动的电话时，就不必实话实说："老板已经答应了另一家协会的活动，估计他去不了你们那里了，毕竟他们先打电话邀约的。"这样说就没有顾及第二个协会被拒绝时的心情，而且让老板很被动。可以说："我先跟老板确认一下是否有时间出席，晚点回复你。"这个回答就不会牵涉太多方面，避免了不必要的麻烦。

（2）说话要灵活应变，需要说话者审时度势

例如你找A朋友被拒绝了，然后找B朋友解决了，就没必要再告诉A是B帮了你，这会造成人际关系的不和谐。如果A要问，你只说自己已经解决即可，就起到了保护B的作用。这其实也是一种说话模糊处理的办法。

（3）话不要说得太急，先在脑子里想清楚再说

哪怕说慢一些，也比说错好。说话太急太快，往往来不及考虑周围的环境和别人的感受，即所谓说话不经大脑，可能就会伤害别人。

（4）记得总结经验教训

如果你因为说话不妥得罪过人，记得总结，避免下次再犯类似的错误，并时常提醒自己。

▶ 不要轻易许诺

刘伯温在《郁离子》中记载了这样一件事：

济阴商人过河时，船沉了，他大声呼救，一个渔夫闻声赶来。商人对渔夫大喊道："我是济阴最大的富翁，今天你如果能救我，我给你 100 两金子。"渔夫将商人救上岸之后，商人后悔了，只给了渔夫 10 两金子。渔夫责怪他不信守承诺，商人不以为然地说："你一个渔夫，一生也挣不了多少钱，突然得到 10 两金子，难倒还不满足吗？"渔夫怏怏而去。不久之后，那个商人又翻船了，再次落水，被他骗过的那个渔夫正好也在那里，有人问渔夫："你为什么不去救他呢？"渔夫说："他说话不算话。"并讲述了自己的遭遇，后来那个商人就被淹死在了河中。

故事的真假已不可考，但商人的不得好报却是意料之中的事。一个人如果信口开河，承诺了又做不到，便会失去别人对他的信任，一旦相似的事再度发生，别人不会重蹈覆辙。所以，不要轻易对人许诺，一旦许诺，就要做到。

1. 承诺虽美好，但也很残忍

小许到一家小公司应聘经理一职，这家公司的老板对小许很满意，对他说："我觉得你是一个优秀的人才。我可以很负责地告诉你，如果你来我们这里上班，保证你年薪不低于 20 万。"这比小许预想中的高了许多，小许开心地留下了。

半年后，小许总共才收入 5 万元，与当初承诺的差了很多，小许找到总经理。总经理说："你才来半年，不要着急，下半年才刚开始呢！你的能力是有目共睹的，凭你的能力，相信下半年薪水还会再涨。再说，我们还有年终奖呢！你放心吧，公司是不会亏待你的。”

小许觉得总经理的话有道理，就继续努力工作。到了年底，小许这一年来的收入才到手10万元，根本没有年终奖。他愤怒地质问总经理为什么言而无信，总经理说：“年终奖是根据公司效益确定的，今年公司效益不好，所以今年没有，明年就有了，请你耐心地再等一年吧！”

可小许再也不相信他的话了，不但怒而辞职，而且拿着当初进公司时签署的合同将这家公司告上法庭。结果这家公司败诉，只好赔钱了事，还在同行中留下了信誉不佳的名声。

有的人在失信于人之后，总喜欢为自己找各种借口辩解，更恶劣者，甚至不承认当初的口头承诺。这种轻诺寡信的把戏只能暂时忽悠人，难以赢得人们长久的信赖。

虽然承诺那一瞬间很爽，别人也许还会对你感激不尽，但恶果同样是显而易见的。因为你给别人编织了一个希望，然后又亲手破坏了它，还不如一开始就没有这个希望。也许对方当时会失望，但不至于因为你的失信而感到被骗、愤怒。

所以，如果你没有绝对的把握，不要轻易向他人许诺。否则，你就是在为别人编织一个易碎的美梦。

2. 一旦许诺，全力以赴

“尾生抱柱”一词典出《庄子》，讲了一个关于坚守信约的故事：

鲁国曲阜有个名叫尾生的年轻人，他与人交往非常讲信用，受到人们的交口称赞。他与一个姑娘一见钟情，两人约定三日后在一座木桥边会面。三天后，尾生来到桥上，突遇乌云密布，电闪雷鸣，大雨倾盆而下，很快引发泥石流。尾生没见到姑娘，死死抱着桥柱不肯逃走。好容易逃脱禁锢的姑娘来到约定地点，看到尾生已经抱柱而死。悲痛之下，也纵身跃入滚滚洪流。

守信是树立个人形象的关键。与普通的话语不同，承诺不是说说而已，它代表着一种契约关系。一个人一旦做出承诺，就意味着这件事不再是他个人的事，而是“大家”的事。契约精神要求每个人都必须对事情的结果负责，承诺者通常所肩负的责任更大。所以，一旦做出承诺，无论刀山火海，都要义无反顾地履行，全力以赴达成目的，没有任何理由——哪怕达不成目的是情有可原的。

3. 除了许诺，事情还有无限可能

一个商人临终前，告诫自己的儿子：“如果你想在生意场上成功，一定要记住两点：守信和聪明。”

儿子问父亲：“什么是守信？”

父亲说：“如果你与别人签订了一份合同，可是签订之后你会因此而倾家荡产，但你依然要履行合同。”

儿子又问：“那么什么是聪明？”

父亲说：“不要签订这份合同。”

这个故事给出了一个两难处境：一方面，人要守信，言必行，行必果；另一方面，人要足够聪明，不要给自己找难题。轻率地许诺无异于自找麻烦，所以，我们的生活中总会见到这样的聪明人，他可以把话说得滴水不漏，却什么都没答应，没做出任何承诺。这

与其说是生活的智慧，不如说是为人的谨慎。

当别人需要我们给一个保障时，我们该怎么做呢？

许下诺言也许会完不成，责任重大；不许，似乎又不足以安抚对方。

事实上，这时候不一定非得给出“保证”“保障”不可。你可以用自己的实际行动表示会努力争取，可以给予道德上的支持，可以给予情感上的抚慰，唯独不可以给的是“我答应你……”

▶ 真话不全说，生活需要善意的谎言

在一个盛大的舞会上，一位风韵犹存的年老女人引起了实话先生和谎话先生的注意。

实话先生率先搭讪：“今晚的你让我想起你年轻的时候。”

女人微笑着问：“想起什么了呢？”

“很漂亮。”

“难道我现在不漂亮吗？”女人的话带有几分的戏谑。

实话先生老老实实地回答说：“是的，跟年轻时相比，你现在皮肤松弛，缺少光泽，还有皱纹。”

女人的自信和开心一下子消失得无影无踪了，她尴尬地瞪着实话先生。

谎话先生此时走过来，彬彬有礼地邀请女人跳舞。他恭敬地说：“我认为你是今晚最漂亮的女人，如果你能接受我的邀请，我将是今晚最幸福的人。”

女人的眼睛重新焕发出光彩，两人在舞池里跳了一晚上。女人的舞姿非常出色，她浑身洋溢着生命的激情与魅力，吸引了舞会不少人的目光。实话先生实在不能理解，为什么谎话先生的花言巧语能让女人重新焕发青春活力。

不久之后，女人去世，她的仆人将两封信分别交给了实话先生和谎话先生。给实话先生的信中说："你的话是对的，衰老是无法避免的。我把日记全部赠送给你，那是我的真实。"给谎话先生的信中说："我非常感谢你那些美丽的谎言，它让我在生命的最后活得美妙和幸福。我把我的遗产全部赠送给你，请你用它去制造美丽的谎言吧！"

著名语言学家季羡林曾说过："假话全不说，真话不全说。"诚然，真话更能反映事情的本来面貌，促进沟通，但真话并不是每时每刻都会受到欢迎。更多时候，人们更爱听一些善意的谎言。

"真话不全说"揭示了做事的技巧，表现了一个人的智慧和能力。如果不考虑场合和他人的感受，一味说真话，那些不合时宜的大实话也会刺伤别人。会聊天的人懂得分轻重、看场合，真话该说的时候就说，不该说的时候就不说，这才是一个成熟的人应有的分寸。

1. 出于美好愿望的谎言，都是值得珍惜的

欧·亨利的短篇小说《最后一片叶子》中，穷学生琼西得了肺炎，生命即将进入倒计时，她将生存的希望寄托在窗外一棵常春藤树的叶子上，认为最后一片藤叶落下时，便是自己生命结束时。为了帮助琼西战胜病魔，老画家贝尔曼爬到砖墙高处，画了一片永不

凋零的常春藤叶，给琼西编织了一个美丽的谎言。于是无论窗外的风刮得怎样凶猛，那片叶子始终长在高高的藤枝上。叶子经过凛冽的寒风依然可以存留下来，为什么自己不能呢？琼西重拾生的信念，顽强地活了下来。

贝尔曼是个谎言制造者，但没有一个读者会责怪他，因为他并未违背做人的道德标准，谎言的出发点是他人的幸福和希望。这时候的谎言是一种鼓舞，给别人编织了一个美好的幻想，让别人重燃希望之火。这种谎言就是最美的语言。

善意的谎言适合用在什么地方呢？

医生的一句善意的谎言，可以让心怀恐惧的患者重拾信心；父母的一句善意的谎言，可以鼓励孩子向着健康的方向成长；老师的一句善意的谎言，可以让遇到困难的学生增添信心……善意的谎言是人生的滋养品，是信念的原动力，使人变得坚强执着，鼓舞人们去进步、去努力，以至于战胜脆弱，绝处逢生。出于美好愿望的谎言，都是美丽的。只要你是为他人着想，善意的谎言就是可贵的。

2. 满足别人幻想的谎言，也是可贵的

《读者》杂志上曾刊载过这样一个故事，大意是：

罗杰·罗尔斯出生于大沙头贫民窟，这里环境肮脏，充满暴力，生活在这里的孩子耳濡目染，从小逃学、打架、偷窃甚至吸毒，很少有人从事体面的工作。然而，罗尔斯所在小学的校长皮尔·保罗，却从来没有放弃这些孩子们。

有一天，罗尔斯从窗台上跳下，伸着手走向讲台时，保罗就对

罗尔斯说："我一看你修长的小拇指就知道，将来你会成为纽约州的州长。"

罗尔斯大吃一惊：除了奶奶说他将来可以成为五吨重的小船船长，还没有任何人这样高度评价过他呢。从此，罗尔斯严格以"纽约州州长"的标准要求自己，衣服不再沾泥土，说话也不再污言秽语，走起路来也挺得笔直。51岁那年，他成了州长。

在就职演说时，罗尔斯说："信念是不值钱的，它有时甚至是一个善意的欺骗，然而你一旦坚持下去，它就会迅速升值。"

谁说谎言都是不道德的？美好的谎言可以创造奇迹！那些精心设计的谎言虽然隐瞒了真相，却能为人指出一条通往新生的光明大道。这样的谎言体现了人性的真、善、美，具有震撼人心的伟大魔力！

鲁迅在《立论》中讲了这样一个故事：

一户人家生了一个男孩，合家高兴透顶了。满月的时候，抱出来给客人看，——大概自然是想得一点好兆头。

一个说："这孩子将来要发财的。"他于是得到一番感谢。

一个说："这孩子将来要做官的。"他于是收回几句恭维。

一个说："这孩子将来是要死的。"他于是得到一顿大家合力的痛打。

为什么说谎的得好报，说真话的遭打？鲁迅在这里批判了国人圆滑世故的劣根性。但我们也从中看到一个真相：人们宁愿听到一些美丽动听的假话，也不愿听正确但残酷的真话。所以，每逢节日、喜事等喜庆日子，会有一些比较动听的假话流行：马到成功、年年有余、早生贵子等，民间也有讨彩头的风俗，就是这个道理。

3. 满足别人虚荣心的谎言，说说也无妨

“你变漂亮了！”

“你真是越活越年轻！”

“你家孩子真乖！”

“你男朋友真帅！”

诸如此类的溢美之词，生活中太多了，人们已经分不清这是日常礼貌用语还是善意的谎言。人类的天性中都向往美好的事物，谎言可编织成巧妙的奉承，使人们的虚荣心得到满足。我们在满足别人的虚荣心的同时，也拉近了彼此的心理距离。

卢梭在《忏悔录》中说：“我从没有说谎的兴趣，可是，我常常不得不羞愧地说些谎话，以便使自己从困境中解脱出来。有时为了维持交谈，我迟钝的思维、干枯的话题迫使我虚构，以便有话可说。”

总之，生活本身常常是平淡无奇的，谎言是生活中不可少的语言。如果什么事都要实事求是，全部说真话，世界也许会缺少很多乐趣。所以，在不违背法律和道德的前提下，如果你的谎言能使别人更开心、更幸福，不妨多用善意的谎言来营造一个美丽的世界吧！

第十章

会求人，懂拒绝，跟谁都能顺畅交流

向别人提出要求，这是一件很难做的事情，请求者忐忑，被请求者觉得麻烦。请求者想，怎样请求才不会被对方拒绝呢？被请求者想，怎样拒绝才不会让对方难堪呢？懂得请求的技巧，也懂得拒绝的艺术，你跟谁都能顺畅交流。

▶ 什么样的请求更打动人心

一家汽车公司的某个账目环节出了问题，致使 6 名顾客在汽车修好后拒付修理费，总经理先后派了两名职员前去收款。

第一个职员拜访了每位顾客，表示汽车公司绝对没有出错，顾客应支付修理费，而且暗示顾客，根据合同，汽车公司有权这么做。结果，他与顾客争吵起来，未能收回修理费。

第二个职员也拜访了每位顾客，但他绝口不提账款的事，而是以调查的名义与客户交流，先让顾客发泄他们的不满。待顾客的情绪缓和之后，他说："我也知道汽车公司的处理不恰当，我代表公司向你们表示真诚的歉意。听了你们刚才的话，我为你们的忍耐力感动。你们的胸怀真开阔，正因为如此，我请求你们为我做一点儿事。我相信，没有人会比你们更胜任这件事。我请你们再核查一遍我们公司开给你们的账目，因为你们比任何人都更加清楚。如果哪个地方记错了，你们说怎么办就怎么办吧！"

听了第二个职员的话，顾客们毫无怨言地核对了账单。除了一位顾客付了最低额，其余顾客都尽可能高地付了款项，一点儿都没让汽车公司吃亏。最神奇的是，后来这 6 名顾客成了这家汽车公司的忠实客户。

同一件事，第一个职员用冷冰冰的合同要求顾客还款，失败了。第二个职员用温暖的话语请求顾客核对账单，取得了可喜的成果，这就是善于请求的力量。

人们总是羞于求助，因为求助往往被认作无能的表现，而且面临着可能被他人拒绝的后果。事实上，“万事不求人”这种事是不可能发生的，学一些求助的基本技巧很有必要。

1. 不要用命令的语气请求

撒切尔夫人忙完应酬回家，想好好休息一下，不想丈夫在里面把门反锁了。

她一边敲门一边喊：“快开门！”

丈夫问：“谁呀？”

撒切尔夫人回答说：“英国首相撒切尔夫人！”

房门没开。

撒切尔夫人又敲门。

丈夫问：“谁呀？”

撒切尔夫人温柔地回答说：“亲爱的，请开门，我是您的妻子。”

然后，门缓缓地从里面开了。

撒切尔夫人在外是强悍的“铁娘子”，习惯发号施令，回到家中仍以命令的语气要求家人开门，自然要碰壁。

常言说礼多人不怪，求人要有个求人的样子。说话语气要委婉，最好保持低姿态，即使不低三下四、唯唯诺诺，至少也要低调。撒切尔夫人用命令的语气求人，对家人连基本的尊重都未做到，怎可能不碰壁？有时候求人办事失败，不过是因为本应温柔地请求人家，却偏偏用强硬命令的语气表达了出来，这才引起了别人的反感。

2. 多用语气词、缓冲语

不想语气太生硬，秘诀在于在句尾或句中的停顿处加一些语气词，以商量的语气把相关请求讲出来。这样显得比较委婉，令人比较容易接受。试着感受下面两句对比：

①一会儿叫醒我！

②一会儿叫醒我，好吗？

同样的内容，加上“吗”“么”“呢”“吧”“啊”等语气词，就好像换了表达语气，给人的感觉完全不同。

同理，当你需要麻烦对方的时候，可借助插入语、附加问句、程度副词、状语从句及有关句型等，既可以减轻请求本身的压力，避免唐突，又充分维护对方的面子。

如可以说：“如果你给我回个电话的话，我会非常高兴的。”不能说：“一会儿你给我回个电话！”

可以说：“如果不麻烦的话，一会儿把资料传给我一份吧！”不能说：“把资料发给我！”

可以说：“先让我把话讲完，我们等一会儿再讨论这个话题好吗？”不能说：“别插话！”

对比之下我们会发现，语言中有很多无意义的缓冲词语，它们可有效软化请求的内容，缓解说话语气，令请求变得更委婉动人。

3. 求人应有的态度

销售副总马强找财务报销单据，财务正在忙，就让马强把单据整理好再送过来。马强很不高兴，他不信自己堂堂副总还要听从一个小会计的话，语气就很不好："你们天天坐办公室这么清闲，还不是我们销售部为大家打拼？这点小事还不是你们财务部分内的事？谁有工夫给你整理一个月的单据！"坚持要求财务马上给自己报销单据。财务也生气了，一句"不符合公司报销流程，恕我无能为力"，坚持不给报销。最后，还是老板出面协商，另派人整理好单据才化解了这场纠纷。

求人办事，越低调越好，求人者应将自己放在一个谦卑的位置上。如果别人答应帮忙，你要懂得感恩，因为别人没有义务帮你。

不管别人是否帮忙，你都要表示理解。这又分两种情况：如果别人答应帮忙，无论这件事对他而言是轻而易举还是需要排除万难，他都是为了你才付出了时间和精力的，这一点你要清楚；如果别人拒绝帮忙，他也有自己的立场和难处。所以，要摆正自己的态度，不要因为被别人拒绝就觉得失了面子，从而恶语相向，也不要因为别人同意就觉得理所当然。

另外，无论所求为何事，求人时都要保持应有的自信，做到不卑不亢，不要一味地唯唯诺诺。因为自信会让对方感受到你对事情的办成有很大把握，这是一件比较容易办成的事，因而相对比较容易接受。而且自信的人更容易给人留下"以后会大有作为的印象"，让对方心生好感。相反，过于低声下气地求人，可能适得其反。

当然，求人办事最重要的态度是"忍"，要做好忍受别人脸色的准备。

4. 一个小诀窍：缩小请求

富兰克林有事求助一个上流人士，对方的名望能对众议院产生影响。但那个人很骄傲，富兰克林又不愿意卑躬屈膝地乞求他的帮助，便换了一种方式。

富兰克林写信给那个人："我听说阁下珍藏了一本书，不知能否借我看几天？"这件事微不足道，对方就把书借给他了。一周后，富兰克林将书归还，书里面还夹着一封感谢信。后来，富兰克林与这个人在众议院会面，两人像朋友一样交谈了一会儿。这是之前从未有过的，对方还表示只要富兰克林需要他效力，尽管叫他。

难度越大的事，被人拒绝的可能也就越大。如果是很容易就完成的小事，别人也许乐意做个顺水人情。所以不妨缩小你所请求的事，适当减轻给别人带来的心理压力，可以说："你帮我解决这一步就可以了，其余的我自己想办法。"

如果这件事难度很大，自己无法解决，也不要一下子就提出所有请求。可先提出一个小小的请求，然后再循序渐进，逐渐扩大请求范围，让对方在"好人做到底"的心理驱使下同意你更多的要求。

总之，"会哭的孩子有糖吃"。没有人喜欢被麻烦，求人办事时我们要放低姿态，在语气、态度、技巧等方面多下功夫。当别人没有理由拒绝时，一切就水到渠成了。

▶ 求人办事，用好互惠原则

集团在偏远地区开了分部，需要一些技术骨干到那里就职。这个人选既要有能力，又要有耐力，还得有一定的交际能力，以便在陌生地区打开局面。赵经理选中了小侯，但他侧面打探了一下，小侯刚刚走出校门，不愿意去偏远地区。

赵经理叫来小侯，对他说："你是我千挑万选的骨干，我认为只有你去才能打开那里的局面。目前那里的状况一团糟……除了你，我想不到能干这件事的第二个人。"

小侯感觉自己被领导高度重视，内心斗志陡然升起，欣然接受了外派任务。

"领导这么信任我，我怎么能辜负领导的信任呢？"这就是小侯同意接受外派的根本原因，却不知自己已经落入领导的"圈套"。赵经理在这里，就使用了"互惠原则"，让小侯的优越感得到了满足。小侯自尊心膨胀，接下了任务。

互惠原则，就是在你请求别人帮助的同时，给对方提供某种好处，让求助变成一件互惠互利的事，这样对方就会很容易接受。求人办事，要懂得略施小惠，这样不需要花费太大力气，就能轻松让对方接受自己的求助。

1. 自己的实力比求助更有用

白居易 16 岁时到长安应试，向名士顾况求助，希望对方能推荐自己。白居易当时只是一个无名小辈，而顾况已经有很高的名望了，他根本看不上这个年轻人，当看到他的名字中有"居易"二字时，开玩笑说："长安物贵，居大不易。"拒绝的意思非常明显。

随后读白居易的诗作，其中有一首就是《赋得古原草送别》。这首诗通过对古原上野草的描绘，表达了送别友人时的依依惜别之情，写得极有气势。“野火烧不尽，春风吹又生”二句，更是抒发了对生命的讴歌。顾况念到此处忍不住击节称叹，立刻改口说：“有句如此，居亦何难！”答应白居易帮他结交长安的名人雅士，在仕途上助他一臂之力。

如果白居易没有过人的才华，顾况为什么要帮助这个无名小辈呢？他帮助这个无名小辈，自己又能获得什么好处呢？白居易在长安打开局面，与其说是顾况的帮助，不如说是以自己的才华为自己赢得了成功的机会。

所以，我们在求助别人的时候，也要好好想想：别人为什么要帮助我？我能为别人提供什么？弄明白了这一点，求助他人就不再是唯唯诺诺、低三下四的样子了，而是以不卑不亢的态度向对方表达诉求，让对方明白：帮助我也是帮助你自己。

2. 与别人提供利益交换

秦庄襄王名子楚，年轻时曾在赵国都城邯郸做质子，处境艰难。吕不韦知道他的身份之后，就对他说：“秦王已经老了，安国君被立为太子，安国君非常宠爱华阳夫人。华阳夫人没有儿子，做她的儿子很有可能被选为继承人。你有兄弟二十多个，你长期为人质，没有竞争优势。如果我拿出千金帮你去秦国游说，取悦安国君和华阳夫人，就能立你为太子。”子楚感激地叩头拜谢：“如果真如你所愿，我愿意分秦国的土地和您共享。”

吕不韦拿出五百金给子楚，作为他结交上层人士所用，又拿出五百金买了珍宝，拜见华阳夫人的姐姐，托她将所带的东西统统献给了华阳夫人。在华阳夫人姐姐的引见下，吕不韦见到了华阳夫人，他在华阳夫人面前夸子楚聪明贤能，以及对她日夜思念。吕不韦趁华阳夫人高兴时让她姐姐提出认子楚为养子，以作将来的依靠。华阳夫人又说服了安国君立子楚为继承人。至此，吕不韦、子楚、华阳夫人这个利益共同体正式形成。几年后，子楚继承王位，立吕不韦为相，华阳夫人为太后。他们各自走上人生的巅峰。

当你对别人绝对有用时，此时的求助更不必忐忑。别人看到你的价值所在，就能和你形成一个利益共同体。此时已经无所谓求助，大家彼此互帮互助，精诚合作，共同推进事务的发展。

3. 为对方创造需要，让他感觉到益处

更多时候，别人看不出我们的价值所在，这就需要我们在求助时，有意地为其创造某种心理需要，让他觉得这件事是对他有益的。

例如，推销员要卖一双鞋子，他的心理价位是 200 元，但他不会一开始就对顾客说“这双鞋子 200 元”，而是说 300 元，然后对顾客说：“今天商店搞活动，全场商品一律八折。”在顾客犹豫的时候，推销员又不停地讲解这双鞋子原来卖得多火爆、价格多贵，而今天购买又是多么划算，这样顾客的心理就松动了。即使顾客再来砍价，推销员也能再做出一些让步，最终 200 元成交。这样顾客就会觉得自己捡了一个大便宜，高高兴兴地买走了。

虽然不能说推销员在“求”顾客买鞋子，但他诱使顾客成交的套路与求人办事一样，都是让对方接受自己。他在此过程中采取的一系列措施，归根结底只有一点：让顾客觉得马上成交就能占到便宜。

所以说，求别人办事时，一定要让对方看到利好，让他觉得答应你的事对他本人是有好处的。如果这个利益点不明显，你要帮他

点明；如果根本没有这样一个利益点，你要像上述的推销员一样，自己创造一个利益点，让对方感觉这的确对他是有好处的。

▶ 求助的基础：言而有信

汲黯为人耿直，好直谏廷诤，被汉武帝称为“社稷之臣”委以重任。其他人看汲黯被汉武帝重用，都喜欢与他交往、向他求助，他家里常常高朋满座，以至于门槛都被踏坏了。后来，汲黯因为直言上谏得罪了汉武帝，被罢免官职。他过去那些朋友一个都不来了，门可罗雀。一些昔日的朋友甚至还在背后攻击他，将朋友之间的知心话广为传播，汲黯的名声因此受到很大的影响。后来汲黯复官，一些昔日中断往来的朋友又想来拜会他、求助他，汲黯愤然拒绝了，他已经尝到信任这种势利小人的苦，不想重蹈覆辙。

求人办事，成功的因素有很多，凭借机遇、技巧、口才等都能达成目的。但更重要的是当事人的人品。诚信待人，当你需要帮助的时候，诚信就是你赢得信赖的资本，你可以利用对方的信任获得帮助。反之，如果你曾失信于人，别人根本不相信你的人品，为什么还要帮你达成愿望？

1. 有借有还，再借不难

同学问小周借一千块钱，说下月初还。小周刚大学毕业，收入只是刚够花，身上一共也就一千多元。不过他看同学说下月初就还，大家又是关系比较好的朋友，就借给对方了，并叮嘱他说：“5 号我要交房租，交房租之前一定要还我。”对方爽快地答应了。到了

4 号，同学那边丝毫没有消息，小周只好打电话催还。同学听到他催还钱竟然慢吞吞地说：“我以为你不急着用呢！我现在没有，你去问其他同学借吧，就说是我借的。”小周听到这里特别愤怒，因为当初借钱的时候都说好了，现在自己着急对方却无动于衷，还让自己厚着脸皮去借别人的，这样的朋友还值得交往吗？后来，这位同学再向小周借钱，小周就坚决不借给他了，其他同学听说了这件事，也不愿再借给他。

俗话说：“有借有还，再借不难。”不管借了多少钱，到了还款的日子就必须还，而且要及时表达自己的感谢，这是为人的基本道义。如果逾期不还、态度恶劣，这就让我们看清这个人不值得深交。

其实不仅仅是借钱，任何方面的求助都需要信誉作保。向别人求助时，你要明白一件事：别人并不欠你的，对方之所以愿意给予帮助，是因为他看重你们之间的交情，他认可你的人品，把你当作真正的朋友。言而无信的人，就是在挥霍别人对你的信任，谁会愿意帮助一个不值得信赖的人呢？除非别有所图。

2. 让别人对你产生信任

小秦想将家中靠街的房子改成一家商店，父母不同意，哪怕他允诺每月缴纳一定的租金。父母的理由听起来似乎无可挑剔：小秦毕业后尝试了很多工作，每份工作都干不长久，父母担心开商店是小秦心血来潮之举，不想为他的三分钟热度买单。虽然小秦信誓旦旦，但他过去也曾多次信誓旦旦，所以父母坚决不同意他的改造房子之举。小秦无奈，只得求助妹妹帮忙说服父母。

小秦对妹妹说：“我承认以前食言不对，但都是因为我不喜欢被人管，出去上班得看领导脸色，我不喜欢，所以工作干不长久。把房子改成商店，我就不用出去看领导脸色了，自然就能长久地干下去了。况且咱家房子临街，就算将来不做生意，再开个侧门也不会有太多噪声，也不会有什么危害，他们为什么就不同意呢？你帮我跟他们说说吧！”

妹妹虽然对小秦的话将信将疑，不过她也认可小秦“不喜欢看领导脸色”的说法，答应一试。

求人办事想要获得成功，要么双方有共同的利益，要么你的人品值得信赖，当这两个基础都不存在的时候，能凭借的只有事情本身：这件事听起来一定是合情合理的，对方于情于理都没有拒绝的理由。只有这样，对方才有可能帮忙。

由此可见，“信”的力量是巨大的，在求人办事的时候如果能灵活运用自己的信誉，或者让别人在你身上找到信任点，事情就成功了一半。若事情充满蹊跷，做事动机不单纯，就算你的求助对别人来说只是举手之劳，对方也未必乐意做这个顺水人情。毕竟，别人帮你是情分，不帮你是本分，没有人愿意自找麻烦。

▶ 拒绝是门艺术，要委婉含蓄

齐景公最宠爱的女儿到了适婚年龄，他想把她嫁给晏子，为此特意去了一趟晏子的家，并得到了晏子的招待。晏子的妻子也在旁边帮忙准备酒宴，她已经很老了。

酒宴酣畅之际，齐景公明知故问：“刚刚那个是你的妻子吗？”

“是的。”晏子回答。

“她又老又丑，根本配不上你。”

晏子没有说话。

齐景公接着说：“寡人的女儿年轻又漂亮，就让她当你的内助吧！”

齐景公不是以商量的语气说的这句话，而是以肯定的口吻说的。

晏子离开座席，对齐景公说：“我妻子现在的确又老又丑，可是我们两个一起生活很长时间了，过去她也年轻漂亮。人本来就是以少壮托付于年老的，以漂亮托付于丑陋的，她曾托付于我，我也接受了她的托付。虽然大王现在恩赐于我，但我能因此背弃她的托付吗？”

晏子拜了两拜，谢绝了齐景公的建议。

《晏子春秋》中，孔子赞叹晏子：“不以己之是驳人之非，逊辞以避咎，义也夫！”

当别人的诉求背离了自己的原则，肯定要说“不”，但又不能直说“不行”“办不到”，怎样拒绝才能既不伤害对方的自尊心，又不影响双方的感情呢？委婉含蓄是必需的。

1. 做一个懂得拒绝的人

每个人都无法脱离周围的世界单独生活，每个人都要与别人打交道，不可避免会遇到别人提出的请求或者要求。如果你有能力帮忙而且乐于帮忙，这自然皆大欢喜。但若对方的诉求超出了你的能力之外，或者违背了你做事的原则，一时心软把事情答应下来，不但要赔上自己的时间和精力，还有可能因为结果不能使对方满意而落下埋怨。

喜剧大师卓别林曾说：“学会说‘不’吧！那么你的生活将会美好得多。”生活中、职场中，难免会遇到需要拒绝的情况：拒绝孩子的蛮横要求，拒绝上司的命令，拒绝客户的无理要求，拒绝同事不合理的请求，拒绝朋友的请托等。生活中处处需要拒绝，学会拒绝很有必要。

拒绝是门艺术，是要讲究方法的。如果方法不合适，轻则导致对方不满，重则使对方对你怀恨在心。如果方法合适，对方不但不会怪你，反而觉得你可交。所以，选对方法很重要。根据不同的诉求，或是直接拒绝，或是委婉暗示，或是推到以后……做个懂得拒绝的人，才能在拒绝中高贵。

2. 学一些不得罪人的借口

拒绝的目的有两个：一是拒绝人，二是不得罪人。前者是硬性指标，后者有很大的弹性，方法形式多样。无论采取何种拒绝方式，下面这些都可作为“借口”，不至于把事情弄得很不愉快。

（1）把你的难处说出来

如果是举手之劳的事，想必大家都会痛快答应对方的请求。正是由于事情很难办才会拒绝，所以拒绝的时候就不必感到难为情，将你的难处清楚地说给对方听，让他明白你不是“不愿意”帮忙，而是无能为力。

（2）讲明利害关系

有时候，别人只是单纯地想要请我们帮忙，并不知道或不理解帮忙之后会遇到什么情况。这时就需要你把后续的利害关系给他讲清楚，然后再拒绝，这样对方就会更理解你。如朋友向你打探你公司内部情况，你就可以说："公司有制度，如果我把消息透露出去，我这份工作也保不住了。你是我的朋友，你也不愿意看到我犯错误吧？"

（3）降低对方的期望

一般来说，别人求你办事，多是相信你有解决这个问题的能力，对你抱有很高的期望。这时候你就要学会示弱，适当说一些自己的短处和不足，降低对方的期望。或者说一个更能帮他解决问题的人选，这样就能使对方转移求助目标，不但达到了拒绝的目的，而且为他提了一个更好的建议，原有的失望就会被惊喜代替。

3. 切忌直接拒绝

一对青年男女相亲结束，男方问女方对自己感觉如何。

女方的回答很直接："我想找个身高在一米七五以上的男友，我感觉咱俩不合适。"

男方听了这话很愤怒，反问她："你自己身高都不到一米七五，凭什么要求别人一米七五？"

两人不欢而散。

我们都有这样的感受：一件事想请求别人帮忙，内心总感觉忐忑不安，担心自己的要求是否过分，担心被拒绝的话特别尴尬，总之心里是有压力的。如果对方直接不留情面地拒绝，哪怕情有可原，我们内心依然会很难受，感到自己受到了伤害。

所以，拒绝别人时，一定要照顾对方的感受。无论他提出什么样的请求，都要记得给他留面子，维护对方的自尊心，避免别人在难堪之余恼羞成怒，使自己和对方都没了退路。

总之牢记一句话：所有的拒绝都不要直接说“不”。拒绝的话出口之前，要给别人找好台阶，所谓“买卖不成仁义在”。

▶ 学点不伤人的拒绝方式

有个国王非常宠爱公主，凡是公主喜欢的东西，他一定想办法帮她得到。有一天，公主经过荷花池，被里面的水泡吸引住了，便突发奇想：如果这些水泡串成花环，戴在头上，一定非常美丽。她便央求国王为自己做水泡花环。

国王虽然知道水泡没有办法做成花环，但架不住公主的哭闹，只得召集大臣，命他们做出水泡花环。大家面面相觑，都不敢说话，国王看见大臣无能的样子非常愤怒。

这时候宰相走出来，胸有成竹地说：“陛下息怒！老臣有办法！只是老臣老眼昏花，看不清哪一个水泡比较圆满。能否请公主亲自为老臣挑选，我来串起来？”

公主高兴地拿起网去捞水泡，可网刚一碰到水泡，水泡就破了。她捞了好长时间，一个水泡也没有捞上来，水泡花环的事就此作罢。

用水泡做花环，犹如水中捞月，根本不可能。可在公主的哭闹和国王的盛怒之下，大臣们既不敢应承，又不敢拒绝。宰相提出的这个办法，表面上是答应了，实际却是拒绝了这个无理要求，而且拒绝得还很有智慧，通过转移难题的方式令公主无话可说。

生活中，我们总会遇到一些无法接受的事，需要我们拒绝。但一口回绝别人的请求又会令他陷入难堪。这时候我们就要善用拒绝的技巧，使对方即使被拒绝了也不会觉得难堪，不至于失去人缘。

怎样才能像上面的宰相一样，既能拒绝对方，又不损害对方的尊严呢？

1. 用幽默拒绝

罗斯福任总统前，曾在美国海军部担任要职。有一天，他的好友向他打听海军是否在筹建潜艇基地计划。

罗斯福神神秘秘地四处张望了一番，然后压低声音问他："你能保守秘密吗？"

这个朋友连忙拍着胸脯保证："我当然能！"

"那么，我也能！"罗斯福笑着回答他。

罗斯福的语言极具幽默情趣，在朋友面前，他既坚持了不泄露秘密的原则，又没有使朋友陷入难堪，以至于罗斯福死后很多年，这个朋友提起这段往事还津津乐道。

幽默是活跃气氛的重要因素。用幽默的语言拒绝别人，对方能在欢乐的气氛中感受到你的内心想法。即使你拒绝了他，也不会伤害他的尊严，他会懂得你的好意。

2. 用暗示拒绝

曹操想废掉太子曹丕，立曹植为储，但废长立幼在当时是不容易被大家接受的，容易引发政权动乱，所以大家都不愿意讨论此事。曹操便屏退左右，请谋士贾诩入密室。曹操问他对此事的看法后，贾诩一直沉默不语，曹操忍无可忍："你为什么不回答我的问话？"

贾诩这才说：“请丞相宽恕。我刚刚正在想一个问题，所以没有立即回答。”

曹操自然追问：“想到了什么问题？”

贾诩回答说：“想到了袁绍、刘表父子。”

曹操听后大笑，便不再提废长立幼的事。

袁绍和刘表都是让小儿子继承自己的事业，结果导致几个儿子之间互相不服，各自拉帮结派，互相争斗，实力大减。贾诩的话就是暗示曹操不要废长立幼，否则内部不稳。

同一件事，每个人都有自己的观点。如果直接快人快语地提出异议，那么，不管你说的是否正确，都会引起无谓的争辩，引起对方的不悦。这时候，不妨委婉地暗示对方，将你的想法有技巧地表现出来。这样避免了观点不同所致的攻击，反而能令对方静心去听、去思考。

3. 转移话题

如果对方的问题或请求很难拒绝，也可适时转移话题，或者答非所问，将话题引到其他事情上。这样可以避免使对方感到难堪，也能在新的话题中逐步减弱对方的请求，起到委婉拒绝的作用。

但要注意转移话题不要太突然，可从对方的问题中找到与之相关联的事情进行回答，或者引入相关第三方的问题，使对方无法再回到原来的话题上。

4. 先肯定，后否定

有时候，对方明白我们想要表达什么，但就是无法接受，原因就在于我们的话太直白，伤害了对方的尊严。所以，还可以通过先肯定然后再否定的方法拒绝，即先表示理解、同情、认可对方，然后再据实陈述拒绝的理由，以此获得对方的谅解，使之自动放弃请求。

比如，可以说：“你的提议很好，但是不足以说服我！”而不能一开口就说：“我不同意！”

可以说：“你的能力是不错的，只是这件事不适合你。”而不要一开口就说：“你不行！”

5. 示弱拒绝

示弱拒绝分两种情况。一种是自身无能为力。如别人请你帮忙做某件事，你丝毫不擅长，就可以说：“感谢你对我的信任，我其实很愿意帮助你，可这个东西我也不懂……”对方知道你的难处，自然不会为难你。

另一种是外在压力迫使你无能为力。如别人想让你运用职权帮他做某件事，你可以说：“我很想帮你，但公司规定……”或“这件事我做不了主，我得问问领导，他只要同意，我没意见。”对方一般会知难而退。

示弱拒绝的逻辑在于：不是我不愿意，而是我无能为力，所以抱歉。

6. 找托词

在示弱拒绝的基础上，我们还可以用找托词的方法拒绝，通过托词的内容让对方知道我们有心无力。

如别人请你帮忙做某件事，而你不愿意，但又不能直接告诉他理由，就可以说：“感谢你对我的信任，我其实很愿意帮助你，可那天我刚好有事……”你那天是否真的有事不重要，“刚好有事”只是你的托词，用其他事推掉不愿意做的事是最常见的拒绝方式。

同样的逻辑也可以套用其他形式的拒绝。如微信好友向你推销他的产品，你不愿意买，也不想直接拒绝他，就可以说：“前段时间我刚好买过这个……”“刚好买过”也是托词。

7. 推到以后

有时候，对方的请求我们不必当场回答，尤其是对方在情绪激动之下提出的请求，可以采取拖延法，先回避其锋芒。

可以这样说：“这件事太复杂，让我考虑一下，明天答复你。”这样说既为自己赢得了考虑的时间，又让对方觉得你对这件事很慎重。即使你最后拒绝了，对方最多只是感到失落，不至于使当时的气氛显得尴尬。

8. 有代替地拒绝

如果自己的确有心无力，在拒绝时还可以给对方提供其他帮助，如帮他引荐其他能为其提供帮助的人。这样即使你拒绝了对方，对方也不会难过，反而会感激你的关心和帮助。

可以这样说：“这件事我的确帮不上忙，不过你可以去找×××，他是这个领域的专家……”将我们认识的某个人推荐给求助者，这是有代替地拒绝。

此外，还可通过含混回避、故意错答、口气委婉、微笑拒绝及在感谢中拒绝等方式，让对方体面地领会你的意思，不再纠缠。

▶ 该拒绝时就拒绝，别不好意思

一个商贩花重金买了头驴，驴很高兴，发誓努力干活，不让商贩的钱白花。

第一天，商贩让驴驮两袋米，它轻松地完成了。

第二天，商贩将米增加到三袋，它又轻松地完成了。

第三天，商贩将米增加到五袋，并关切地问驴能否扛得住，驴说："没问题！"

第四天，商贩将米增加到八袋，驴一下子打了个趔趄。商贩关切地问驴能否扛得住，驴又说："没问题！"

第五天，商贩觉得这头驴子太厉害了，应该还能承受更重的量，于是将米增加到十袋。

这次，驴走得大汗淋漓，蹒跚地走了一会儿，就累倒在地，死了。

商贩生气地埋怨它："你既然承受不住这么多，为什么不拒绝我呢？"

俗话说："可怜之人必有可恨之处。"这个故事中的驴很可怜，但并不值得同情，商贩反而是情有可原的。

我们的身边有这样一些热心人：对于别人的请求，不管是否合理，能否胜任，是否愿意，全都有求必应。他们的大部分时间和精力，都花费在了家人、朋友、同事甚至陌生人身上，自己的生活反而因疏于经营而一团糟。不懂拒绝的后果是，如果事情没办成，不但达不到取悦别人的目的，反而会像上述的驴一样，落下埋怨，里外不是人。

不懂拒绝，就是成全别人恶心自己。也许你是碍于面子，碍于人情，或者碍于我们一贯接受的乐于助人的教育，但这都不能成为你对所有请求大包大揽的理由。每个人都要学会自如地拒绝自己不乐意、不能做的事。

1. 别在意别人的情绪

谢敏是一名新员工，工作主要是发传真、打电话与客户确认订单，她很勤快，总是很快就完成了工作。因初涉职场，不敢怠慢，所以，她不忙的时候，也会帮文员小张收发快递、影印文件、扫地、洗杯子等。刚开始，小张很感激她。

有一次，谢敏没有及时帮助小张收发快递，小张气急败坏地找来："这是客户急需资料！领导正发脾气呢！你赶紧送过去！"

谢敏虽然很不高兴，但还是帮她送过去了。慢慢地，很多原本属于小张的工作，就这样"理所应当"地成了谢敏的工作，两人的关系反而没以前那么亲密了。

许多人之所以不敢拒绝别人，是担心自己的拒绝会让别人生气，或是担心别人在恼怒之下会找自己的麻烦等。其实这样想是不必要的。只要你拒绝的理由充分，态度真诚，用语委婉，对方没有理由闹情绪。如果像前文故事中的驴那样，自己做不到也要硬抗，反而害人害己，被对方埋怨。

事实上，朋友之间应当坦诚相见，如果你的确有难处，真正的友情是不会因为你的一次拒绝就破裂的。而那些好意思为难你的人，也不是你真正的朋友。所以，要调整好自己的心态，该拒绝就要拒绝。

况且，不要认为拒绝会令别人难堪，任何一个提出请求的人都做好了被拒绝的心理准备，你千万不要觉得别人非你不可，也许他只是抱着试试看的心态在向你提不靠谱的要求呢？

2. 别让不好意思害了你

小杨是职场新人。她年轻热情，乐于助人，即使遇到自己不想做的事，也不好意思拒绝别人，她很快成为办公室“勤杂工”，大家都喜欢将手头琐碎的事情分给她。

小杨的主管发现之后，就善意地提醒她：“你乐于助人是好事，但总帮助别人，自己的本职工作就没时间做了。如果你不能按时完成自己的工作，根据公司制度，你会被辞退的。”

小杨这才意识到问题的严重性，就给自己设了一个绝不能触碰的底线：别人的本职工作，她绝不插手。虽然大家一开始很不习惯小杨的拒绝，但他们最后仍然顺利完成了工作。小杨不但没有遭到排斥，大家反而更尊重她了。

有的人之所以不拒绝别人，是因为脸皮薄，不好意思对别人说“不”，所以只能有求必应，让自己的利益受损。这是何必呢？对于别人不正当、不合理的请求，拒绝并不会影响你的形象，放心大胆对他们说“不”吧！

3. 拒绝时要干脆

小琪经人介绍认识了刘凯，见了一面之后感觉并不中意，但因是熟人介绍的，不好意思说出自己的真实想法。然后刘凯约她周末见面，小琪就以没时间推辞了。又一个周末来临，刘凯再约小琪见面，并表示为了配合她的时间，他特意将出差安排到了下周。小琪傻眼了。

有些人在拒绝对方的时候，因为不好意思，所以不敢据实言明，拒绝得不干脆，对方不清楚他的真实情况，从而产生了不必要的误会。因此，拒绝别人不能语意暧昧，令人捉摸不透，要明明白白地让对方知道：这事就是不行，没有任何商量的余地！

当然，如果你觉得自己给足对方面子了，对方还在试图说服你，说明你拒绝得并不干脆，没有彻底让对方死心，不妨有话直说，不想帮、不能帮就是最好的理由。

第十一章

提升说服力，有分歧也能皆大欢喜

说服是一种更高难度的语言技巧。说服力强的人，能充分运用自己的智慧影响别人的心态和思想，使别人改变主意，接受原本不愿意接受的观点，做原本不愿意做的事，即使大家有分歧也能获得一个皆大欢喜的结果。

▶ 诱之以利，分析利弊得失

秦国和晋国联合攻打郑国。郑国被两翼包抄，危在旦夕，大夫烛之武奉命说服秦国退兵。

烛之武见到秦穆公便说："郑国已经知道自己要亡了。可这对秦国有什么好处呢？郑国在东边，你们秦国在西边，我们的领土并不接壤，中间还有一个晋国呢！假如现在郑国灭亡了，也只是被晋国占领，秦国的国土面积并不会增加。到那时，晋国将比现在更强大，秦国损兵折将却什么也没捞到。可是，如果你现在放弃围攻郑国，而把郑国当作东进道路上的朋友，贵国使者经过郑国时，我们一定尽到东道主的责任，好好招待贵国来使，这对秦国并无什么坏处。况且，您曾有恩于晋惠公，他曾经答应给您焦、瑕两座城池，结果呢？他早上回国，晚上就修筑防御工事防备您。现在晋国吞并了郑国，如果将来还想继续向西扩大边界，不抢夺秦国的土地，还能抢夺谁的呢？显然，削弱秦国对晋国有利，贪得无厌的晋国是不会满足的。希望您慎重考虑围攻郑国这件事！"

听了烛之武的话，秦穆公思量再三，承认他说得有理，便同意撤兵，还与郑国签订了盟约，留下三员大将及两千秦兵帮助郑国抵御晋国。晋文公看到秦国撤兵，认为围郑失败，便也撤兵了。郑国的危机解决了。

郑国到了生死存亡的关头，烛之武仅凭三寸不烂之舌就成功说服秦国退出盟军，根本原因在于烛之武提到了两点与秦国切身利益相关的事：第一，灭郑于秦有害无益，对晋有益无害；第二，晋国野心勃勃，秦国将来可能受其害。这两点使秦穆公看清了一个事实——晋国才是真正的敌人。这才欣然同意撤军。

提到说服，我们通常会想到“动之以情，晓之以理”，情理兼顾，这是一般性的方法。但有些矛盾是不可调节的，当“情”和“理”都无法打动对方时，唯一能依靠的，只有“利”了。毕竟，没有永远的朋友，却有永远的利益。只要你将其中的利害关系说开了，对方的心理防线也就降低了。

1. 直陈后果，融化对方的顽固

烛之武见到秦穆公，一开始就指出了郑国灭亡的后果：秦国捞不到一点儿好处，秦国损兵折将只是帮助晋国增加国土面积。讲明了这一点，秦国围郑就变得毫无意义了。这就好像千年冰山开始融化，说服秦国退兵才有了可能。反之，但凡有一点点利益可图，秦国都不会退兵。

所以，我们在说服别人的时候，要先厘清思路，抓住主要矛盾：如果对方坚持，会有什么后果？

然后，我们再摆事实，讲道理，言之有物，让对方看清这个后果的危害，从而不得不接受我们所提的建议。

2. 抛出好处，让说服更进一步

若只点出后果，而不说按照我们所提的建议去做的好处，对方未必会听我们的，他也许还有别的选择。

例如，秦军千里迢迢地赶来，再浩浩荡荡地返回，这样来回折腾并非秦国所愿意的，他们可以选择置之不理，甚至是趁火打劫，至少得赚个“路费”。所以仅仅陈述后果是不够的，还要再给他们一点儿甜头，于是便有了“郑国愿做秦国东进路上的东道主”一事，向秦国指出了如何做更有利，从而使秦穆公更易接受。

如果说“直陈后果”是告知对方一条道路不通，那么“抛出好处”就是指出了哪条道路是通畅的，是更进一步的说服。这就好比我们说服一个小朋友别吃糖，如果只是告诉他吃糖会长蛀牙，他未必就会把手中的糖给我们，但若拿一个玩具跟他换，他可能就会同意了。

3. 情、理、利有机结合，让对方权衡

有时候，单纯地讲利益的事会给人以贪利庸俗之嫌，不够温情。这时候可以在认同和尊重说服者利益的基础上，加上情和理的因素，使情、理、利有机结合，让对方真真切切地体会到你是“为他好”，彻底打动他。

例如烛之武提到一件秦穆公亲自经历过的事：秦穆公帮助晋惠公回国，有恩于晋惠公，结果晋惠公却过河拆桥、忘恩负义。此时旧事重提，触及秦穆公的痛处，然后烛之武又适时提到晋国的贪得无厌，将来晋强会危秦，终于完完全全地打动秦穆公。

由此可见，当我们说服一个比较固执的人时，既要懂得以害慑

人，还要懂得以利诱人，帮助对方权衡利弊之后，再加上情和理的疏通，以情感人，以理服人，使这场说服“有理、有据、有人情味”，从而让对方彻底接受。

▶ 动之以情，晓之以理，双管齐下

公元前 265 年，秦国趁赵国政权交替之机，大举攻赵，顺利占领赵国三座城池。赵国形势危急，向齐国求援，齐国要求以赵太后最疼爱的小儿子长安君为人质，否则不肯出兵。赵太后不肯，大臣们极力劝谏，赵太后越发恼火，还吩咐近臣：“如果再有大臣让长安君去做人质的，我一定朝他脸上吐唾沫！”在这样剑拔弩张的情况下，触龙去劝谏了。

触龙知道赵太后此时气势正盛，有话不能直说，所以先关切地询问太后的起居饮食，絮叨一些老年人的养生之道，使戒备心极强的赵太后脸色稍好一些，消除了她的敌对情绪，为接下来的进谏解除了第一道屏障。

然后，触龙从自己的小儿子舒祺谈起，说自己年纪大了，不忍看到小儿子不成才的样子，希望赵太后能看在他的颜面上，让小儿子入宫做侍卫。父母爱孩子的心使赵太后产生了共鸣，她在答应触龙之余，忍不住问他：“你们男人也疼爱小儿吗？”触龙夸张地说：“比女人还要疼爱小儿子。”他的回答逗笑了赵太后，接下来赵太后饶有趣味地与触龙争论谁更疼爱幼子的问题，开始向触龙袒露心迹。

触龙及时抓住契机，故意激赵太后，说她疼爱女儿燕后胜过长安君，引起赵太后的反驳："我更疼爱长安君。"这正是触龙千方百计想要听到的一句话，他终于可以谈论自己的爱子观了。他从燕后的出嫁谈起，夸赞赵太后爱燕后而为她从长计议的明智之举，反衬她爱长安君的"计短"。在这里，触龙没有像其他大臣那样批评赵太后溺爱长安君，反而批评她爱得还不够长远，所以赵太后听得入耳，不知不觉完全接受了触龙的观点。

怎样才能像疼爱燕后那样为幼子从长计议呢？触龙再次忆往昔，巧妙设置了两个问题：第一代赵王的子孙被封侯的，其子孙还有能继承爵位的吗？其他诸侯国，第一代诸侯王的子孙如今还有继承爵位的吗？这两个问题的答案都是"没有"，这是无可辩驳的事实。触龙总结道："他们的子孙全部是不好的吗？只不过是因为他们空有高官厚禄却没有功勋，所以当祸患来临时，没有能力守住自己的荣华富贵。现在长安君的地位很高，俸禄很厚，为什么不趁现在给他一个为国立功的机会呢？否则将来您百年之后，还有谁能为长安君撑腰呢？所以我觉得您为长安君谋划得不够长远，对他的疼爱比不上燕后。"

与一般大臣只强调国家利益、不管长安君利益不同，触龙将国家利益和长安君的利益统一起来，真心为赵太后和长安君着想，层层开导，步步深入，有理有情。赵太后不仅被他的道理折服，也被他的真诚感动，终于痛快地答应将长安君送往齐国为人质。

1. 以理服人，不以势压人

以理服人，重要的是用符合逻辑的方式清晰地说明你的观点。如果是简单的小事或小道理，简明扼要地分析，将道理说清道明，一般就能达到目的。

遇到说服难度较大的复杂事情，就要像触龙一样，全方位、多层次、多角度地开展一系列说服工作，最终通过严密的逻辑水到渠成地得出结论。需要注意的是，在这个过程中，最好以征询的口气引导对方一起推理，共同探讨，大家一起得出结论，而不要自己单方面地推断出结论。

要做到以理服人，有两点至关重要。第一，要运用委婉、商榷的语气，切忌盛气凌人，以势压人。因为，用势力压制换来的服从只是表面的暂时的服从，对方内心并不真正赞同。真正使人信服的是“理”，所谓“有理走遍天下，无理寸步难行”，只有摆事实，讲道理，才能真正让人心悦诚服。

第二，要求对方按理行事时，自己也要按理行事。自己不能凌驾于理之上，更不能实行双重标准，严于待人，宽于待己。要以身作则，循理做事。否则，你自己都不按理办事，又怎么能要求别人按理办事呢？即使你能说出一万条真理，自己的所作所为却条条悖理，别人也未必会听从于你。

2. 以情动人，打打感情牌

道光帝考虑帝位继承人时，有两个人选：一个是年长的皇四子奕詝，另一个是口才、文才、武功更胜一筹的皇六子奕䜣。奕詝的老师杜受田知道，皇四子除了占着年长的优势，别无所长，便让奕詝打打感情牌。

有一次，道光帝带领皇子狩猎。其余皇子均猎到许多猎物，皇六子几乎箭无虚发，满载而归，奕詝却两手空空。道光帝看到奕詝骑射如此差劲，龙颜大怒。奕詝却不慌不忙地奏道：“儿臣认为，正值春回大地，万物萌生，禽兽正处繁衍期，儿臣不忍杀生，恐违上天好生之德，所以空手而回，望父皇恕罪。”道光帝闻言转怒为喜，夸奕詝仁慈。

道光帝晚年忧虑成疾，自知不久于人世，急召诸皇子到御榻前答辩。皇六子答得头头是道，道光帝很满意。但奕詝却一言不发，被询问时，他泪如雨下地说：“父皇病重，龙体欠安，儿臣日夜祈祷，唯愿父皇早日康复，此乃国家之幸，万民之福，此时儿臣方寸已乱，无法思及这些。父皇如有不测，儿臣愿意随龙驾而行，永侍身旁。”说完又泪水涟涟。道光帝被奕詝的孝心感动，下定决心立他为太子，奕詝即后来的咸丰帝。

皇四子各方面才能平庸，却能以情动人，用一手感情牌打赢了“口才、文才、武功更胜一筹”的皇六子，赢得了储位之争的胜利。由此可以看出情感的威力。

人与动物的最大区别在于，人是有感情的动物。在我们试图说服他人时，亲情、友情、爱情……这些人与人之间的可贵感情，都可以是说服的利器。触龙在说服赵太后时，也多次回忆往昔，唤起赵太后的情感共鸣。

3.“情”与“理”双管齐下

说服别人，最忌讳毫无感情的说教和毫无道理的情感攻势。有的人比较感性，那么就用饱含情感的话语感化他，让他感受到你的真诚、善意、爱心，从而愿意服从你。

有的人比较理性，那么就以理服人，让对方明白事理，懂得循理而行。

当我们不清楚对方是哪一种人时，或者仅用一种方法难以达到目的时，那就“情”与“理”相结合，动之以情，晓之以理，让对方感受到你的观点于情于理都是可以接受的，最终理解你，接受你，认可你。一般来说，先让对方在感情上接受你，再辅以理性分析，往往更容易让对方接受。

▶ 善用激将法

唐朝末年，朱全忠篡位称帝，攻打节度使李克用。朱全忠帐下有一员猛将名叫高思继，可百步取人性命，后被李克用属下的十三太保李存孝生擒。高思继被擒后，拒绝了李克用高官厚禄的挽留，回山东老家过“苦身三顷地，付手一张犁”的田园生活。后来，十三太保李存孝被奸臣所害，李克用手下无人能敌朱全忠的前锋王彦章，便想到了高思继，派李嗣源去请，高思继再次婉拒。

李嗣源心想，古人云“文官言之，武将激之”，既然正面请将无效，何不试试激将？他就编了一个谎言：“将军之威名，天下皆知，没有不敬佩艳羡的。我与王彦章交战时被他赶下阵，我对他说：‘你能把我赶下阵不足为奇，我们先停战。我认识山东浑铁枪白马高思继，他是盖世英杰，有万夫莫当之勇，等我去把他请过来，再与你战。’王彦章见我夸将军英勇，气愤地大叫：‘停战就停战！你快去请他，他不来便罢，若来了，看我把他剁成肉酱！’”

高思继听到这里大怒，吩咐道：“快备白龙马来，我要与此贼决一死战！”说着就披挂上马，随李嗣源奔赴战场。

高思继面对李嗣源的正面请求不为所动，却被王彦章的“叫战”刺激得立刻披挂上马，这就是激将法的巧妙运用。在现实生活中，如果我们想要说服别人做一件事，也可以利用他的自尊心和好胜心理，“逼迫”对方做出我们想要的决定，起到说服效果。

1. 抓住时机，利用激将帮别人下定最后决心

我们有时候会遇到这种事：对方内心很认同你的观点（或需要你的产品），但总是有些犹豫，拿不定主意，迟迟不肯做出决定。这时候可用一些特殊的言语刺激对方，引发对方的情绪波动和心态变化，并最终做出决定。

乔布斯给苹果公司寻找管理者的时候，看上了百事可乐的总裁约翰·斯卡利，但斯卡利对苹果电脑没有兴趣，多次拒绝乔布斯的邀请。

有一天，乔布斯偶遇了斯卡利，机会难得，他便与斯卡利谈起电脑行业的未来，两人越聊越投机。最后，乔布斯用非常严肃的口吻问斯卡利：“你是想卖一辈子汽水，还是跟着我改变世界？”斯卡利终于被说服了，他不顾百事可乐的挽留，转战到苹果公司，成了苹果的 CEO。

人家在百事可乐干得好好的，为什么要跳槽呢？要说服斯卡利改变主意，并不是一件容易的事。乔布斯便在对方对电脑行业的未来感兴趣时，采用了激将法。显然“卖汽水”怎能与“改变世界”相比呢？这个强烈的反差打动了斯卡利，彼时他的大脑中大概只有一个念头：我要改变世界！

2. 激怒别人，使他做出有利于你的决定

激将法有两种用法，一种用于盟友，目的是坚定对方共同抗“敌”的决心，乔布斯的方式就是这种，“改变世界”就是他们的共同“敌人”。第二种用于敌人，目的是激怒敌人，使对方做出错误的决定，使己方有可乘之机，下面要举的日本保险大王原一平的做法便属于这种。

原一平派去给一家公司的员工推销保险，原一平决定先拜访这家公司的董事长。可他努力了71次都没见到这位董事长，每次都被开门的老人以“董事长不在”的借口婉拒在外。后来，他得知原来这位老人就是董事长本人，再次发起“进攻”。

老人开门后，依然说：“董事长不在，一早就出去了。”

原一平吼道：“你还骗我！明明你就是董事长，却让我白跑71次！”

老人丝毫没有愧意，反而阴阳怪气地说：“谁不知道你是来推销保险的呀！”

原一平退无可退，决定用激将法迫使对方就犯，就用嘲讽语气说：“我怎么会向一个一只脚已进棺材的人推销保险呢？我们公司如果都是你这样的客户，早就垮了！”

老人大怒：“你说我没资格投保？”

“你一定没资格投保！”原一平坚持说道。

“我要是成功投保怎么办？你立刻带我去体检！”

“我才不愿为你一个人浪费时间呢，除非你们全公司的员工都

投保，我就带你体检！”

“好好好！我马上召集所有员工集合，你快找医生！”老人已彻底丧失理智。

几天后，这家公司所有员工都参与了体检，除了董事长因为有肺病不能投保，其余员工全部成为原一平的客户。

原一平就是利用激将法激怒了这家公司的董事长，促使对方丧失理智，做出错误的举措，落进他的“陷阱”。

3. 不要滥用激将法

原一平虽然成功达到了目的，但这种方法不能滥用，否则有可能真的激怒别人，得不偿失。在具体使用的时候，要看清楚对象、环境及条件，掌握好分寸，既不能过急，也不能过缓。

一般来说，年轻的比年长的容易被激将，见识少的要比见识多的容易被激将，自尊心越强的人越怕别人看不起，也容易被激将。我们在说服别人的时候，要根据具体对象来确定能否使用激将法。

在使用激将法的过程中，必须以不伤害他人自尊为前提，只切中对方要害进行激将即可。比如当顾客因为太贵不肯下单时，可说“某某名人（或顾客的亲戚朋友）都买了这款产品”，对方可能就会立刻买下，而不要说“你这么小气，连这样的产品都不愿意买……”

有时候，激将法可能会被对方看穿。为了避免顾客产生逆反心理，使用激将法时要注意态度和表情的自然，尽量隐藏自己的真实意图。

▶ 说到别人心坎里，才能掌握话语权

波士顿的报刊上曾充斥着自称堕胎专家的人和一些庸医刊登的小广告，商会、妇女会、基督教、青年会、教会等都抨击这种行为，但由于广告商强大的背景，州议会无法通过立法手段使这些广告消失。

一个协会的主席威尔斯仔细分析了局势，就给波士顿最著名的报社写了一封信，信中一开始阐述了他对该报的仰慕之情，称赞它是全州甚至全美国最优秀的刊物之一，然后他说："我朋友年幼的女儿看到贵报上刊登的打胎广告，因为看不懂，向朋友询问某些词的意思，这让朋友窘迫至极，不知道该如何给女儿解释。贵报一直在上流社会广受欢迎，不知我朋友这样的情形，是否别的家庭也遇到过。如果您有这样一个天真纯洁的女儿，想必也不愿意她看到这些广告吧？如果她也问您这样的问题，您该如何解释呢？贵报别的方面都非常完美，却因为这样致命的瑕疵而使父母们不得不收回子女翻阅贵报的权利，我个人对此深表遗憾，数以万计的读者想必也非常惋惜。"

这家报社的发行人立即给威尔斯回信，表示愿大力封杀打胎广告，即使是医药广告，也会谨慎处理，以避免引起读者的尴尬和反感。

说服的本质仍然是交流，交流信息，交流感情，满足对方的信息和情感需求。说服别人之所以困难，不过是因为对方感受不到对自己有益的信息和情感。这时候，我们就要善于"制造"需求，让

对方获得满足。威尔斯的说服技巧，不过是站在对方的立场，表达出同理心，令报社意识到不按照他要求做的危害，从而愿意做出改变。

我们在说服他人的时候，也要具备洞悉人心的力量。只有看透对方所想，满足他的心理需求，才能说到他的心坎里，掌握话语权。

1. 鼓励别人多说话

说服绝不是一方滔滔不绝地引经据典，另一方听着听着就信了。如果完全不给别人表达的机会，只是自己苦口婆心地劝服，你根本没有机会了解别人内心的真实想法，发现不了他的抗拒点，自然也就无法说到他的心坎里。

所以，在没有绝对的把握之前，你要让对方开口表达自己的观点，要鼓励对方多说话，而自己要多听。这样做并不会丧失你对问题的主动权，而是更容易从别人的话语中捕捉到隐藏的信息，找到切入点，而后直击要害。

这种说服技巧，可以从以下三方面着手。

（1）赞美对方的精辟见解

当对方话语中出现精辟的见解、有意义的陈述或有价值的语句时，你要及时给予赞美，说“对，你这样处理是对的”，或“这个想法不错”“你的意见很有见地”等。这样积极的赞美可激发对方多谈，方便你找到更有说服力的切入点。

（2）就彼此关注的问题进行提问

鼓励对方多说并不是让对方漫无目的地说，而是多说那些涉及双方利益的问题或者双方都关注的问题。这样一方面更能引起对方的兴趣，另一方面有助于你发现对方的抗拒点，而且还能预防话题扯到其他无关的事情上去。

（3）从对方的话语发现切入点

当你弄明白对方所有抗拒点之后，就能发现对方的喜好所在。然后就可以从对方话语逻辑最薄弱的环节入手，从相关的事情中寻找错误点，再从错误点中选择需要的切入点，就可以顺水推舟地解决所存在的问题，然后提出自己的观点，适时说服。

总之，要鼓励和引导对方谈自己的观点，对方“说得越多越容易出现漏洞”，你成功说服的可能性越大。

2.“我理解你”

美国总统威尔逊曾说过：“理解绝对是养育一切友情之果的土壤。”说服时必须要明确的一点是：说服别人，不等于将自己的意志强加于别人。因为你们不是敌对的双方，而是立场相同、表达方式不同的“同一方”。所以在说服别人的过程中，你要挂在嘴边的一句话是：“我理解你”。

“我理解你。”短短四个字，不仅传达出了将心比心的态度，使你具备了解对方情绪与心意的能力，而且向别人表达出了最体贴、最温柔的善意，使你具备支配他人的力量。

只有先站在对方立场，表示“我愿意接受你的想法，体恤你的感受”，你才有可能走进对方的内心，唤起对方的认同感，增进彼此的情感交流，从而方便你更进一步了解对方的心态，将其成功说服。

不过，如果仅仅干巴巴地说“我理解你”是不够的，表达与对方的同理心要显得真诚，要做到以下几方面：

（1）认真倾听

倾听是理解的基础，认真倾听本就是表达认可的一种方式。相反，不听对方的诉求，甚至粗暴地打断对方的话，无论如何都不是理解的姿态。

（2）解释对方观点

从对方的话语中总结出他的观点，适时解释。这会让对方感受到你就是他的盟友，而不是前来压服自己的敌人。

（3）理解他的感受

语言除了能传达客观事实，还能传递情绪，对方的抗拒情绪往往是说服过程中的最大障碍。不过，只要适时表示理解对方的感受，及时疏导对方发泄自己的情绪，就会让对方产生“于我心有戚戚焉”的感觉，从而更容易达到说服的目的。

▶ 让对方说“是”

柏拉图的哥哥格劳孔知识和才能都很欠缺，却想做城邦政府的领袖，家人担心他好高骛远，贸然竞选城邦的领袖不现实，就让苏格拉底说服他放下这个念头。

苏格拉底看见格劳孔过来，远远就热情地打招呼：“喂，格劳孔！我听说你想做我们城邦的领袖，这是真的吗？”

格劳孔回答说：“是的！”

苏格拉底接着说：“好极了！如果你的理想能够实现，想要什么就能得到什么，可以帮助朋友，光耀门楣，为雅典增光……你的名字会传遍全城，传遍整个希腊！甚至能享誉国外！到那时候，无论你走到哪里，都将会受到人们的敬仰。”

格劳孔听了这番话很高兴，因为这正是他所希望的，于是就停下来同苏格拉底交谈。

苏格拉底说：“看来被我说中了。你要想受到人们的尊敬，格劳孔，你必须要对我们的城邦做出贡献。”

“那当然！”格劳孔回答说。

“那么，你是不是首先得让城邦富裕起来？”

“是的。”

“怎样实现富裕呢？是让税收增多吗？”

“当然！”

苏格拉底便向格劳孔提出了一系列问题：税收从何而来？总数多少？如果不足，补充来源是什么？……

格劳孔之前从来没有考虑过这些问题，只好如实回答自己没考虑。然后苏格拉底又问他一些治国必须考虑的问题，如怎样削减开支、增强国防力量、加强防御战略、准备粮食供应等。这些问题格劳孔统统回答不上来，只好敷衍着说“不清楚”“我还没考虑”“这类事没必要我亲自管吧”，总之很为难。

苏格拉底于是说：“管理国家的确很麻烦，你为什么不从管理家庭开始呢？比如你可以试着增进你叔父家的收入。”

格劳孔哭笑不得地说：“叔父不听我的劝告。”

苏格拉底笑了：“怎么？你连叔父都说服不了，还想让包括你叔父在内的全雅典人都听从你吗？”

然后，苏格拉底又给他讲了一番年轻人想要成名应当从学习广泛的知识入手的道理。格劳孔就这样被说服了，放下了虚幻的城邦领袖梦想。

苏格拉底的这套说服方法被称作“苏格拉底法则”。他这套法则的核心在于：以得到“是”“是的”为目的。他提出的每个问题，都是对方必须同意的。他提出一个又一个问题，不断发问，于是得到一个又一个的“是”，对方不知不觉就同意了几分钟前自己还坚决反对的观点，接受了他的思想。

两千多年过去了，“苏格拉底法则”仍然没有过时，我们可以从让对方说“是”入手，最终说服对方接受我们的观点。

1. 不给别人否定的机会

在《人性的弱点》中，引用了心理学家奥弗斯特里特《影响人类的行为》一书中的话：“一个‘否定’的反应，是最不容易突破的障碍，当一个人说‘不’时，他所有的人格尊严，都要求他坚持到底。也许事后他觉得自己的‘不’说错了；然而，他必须考虑到自己的自尊！既然说出了口，他就得坚持下去。因此一开始就使对方采取肯定的态度，是最最重要的。”

怎样使别人愉快地回答说“是”“是的”？

戴尔·卡耐基说：“跟别人交谈的时候，不要从双方的分歧开始，要以双方的共同点作为开始。不断强调你们都是为相同的目标而努力，唯一的差别在于过程而非结果。”

也就是说，为了制造融洽的聊天气氛，避免别人说“不”，我们要从双方都赞同的地方入手。其实这个技巧，我们前面已经讲过很多了。诸如“今天天气不错，不是吗”这样人所共知的话题，就是为了寻找彼此都能接受的共同话题。

在具体的说服过程中，要根据具体情况而定。比如要说服另一个部门配合自己的工作，可以这样入手：“我们制订这个方案，流程正确吧？……”你提出的问题，必须是对方绝对无法否定的事实，答案越显而易见、越人所共知，对方越无从否定，说服效果也就越好。

2. 引导别人说出自己想要的结论

欧提德谟斯问苏格拉底：“什么是善行？”

苏格拉底并没有直接告诉他自己的答案，而是通过一系列的反问和反驳，让对方不知不觉接受他的观点，下面是他们的对话过程。

苏格拉底：“盗窃、欺骗、把人当奴隶贩卖，这些行为是善行还是恶行？”

欧提德谟斯：“是恶行。”

苏格拉底：“欺骗敌人是恶行吗？把俘虏来的敌人当作奴隶贩卖是恶行吗？”

欧提德谟斯：“这是善行。不过，我说的是朋友而不是敌人。”

苏格拉底：“如你所说，盗窃对朋友是恶行。可如果朋友要自杀，你盗窃了他准备用来自杀的工具，这是恶行吗？”

欧提德谟斯：“是善行。”

苏格拉底：“你说欺骗朋友是恶行，可在战争中，统帅为了鼓舞士气，对士兵说援军就要到了，但实际上并无援军，这种欺骗是恶行吗？”

欧提德谟斯：“这是善行。”

在说服别人的过程中，让别人一直说“是”并不是最终目的，而是启发对方在各种各样问题的轰炸中重新思考问题，分析问题的各种可能性，并将其引导至自己想要的那个答案。

例如，妈妈要说服不想自己吃饭而要家人喂饭的 3 岁孩子。

吃饭的时候，妈妈问：“你在幼儿园时，谁喂你饭呢？”

孩子说：“小徐老师喂我的。”

妈妈说：“你喜欢小徐老师吗？”

孩子说：“我不喜欢小徐老师，我喜欢刘老师。”

妈妈说：“那刘老师喜欢你吗？”

孩子说：“不喜欢！”

“是吗？”妈妈说，“那刘老师都喜欢谁呀？”

孩子说：“刘老师喜欢表现好的小朋友。”

妈妈并没有在这里就引出“你要好好吃饭”这个话题，而是进一步诱导。

妈妈说：“你想让刘老师喜欢你吗？”

孩子说：“想呀！”

妈妈说：“可她不喜欢你怎么办呢？”

孩子想了一会儿，说：“我有一个好办法！”

妈妈忙问：“什么好办法？”

孩子说：“我以后表现好她就喜欢我了！”

妈妈非常肯定地说：“对呀！你以后表现好她就喜欢你了！自己吃饭也是好好表现呢！”

孩子终于肯自己吃饭了。

当我们试图说服一个人的时候，不要一味地告诉对方“你应该如何”或“你不应该如何”，否则容易引起对方的抗拒。最好的办法就是让对方从一个个的“是”开始，逐步诱导他自己得出你想要的那个结论。这样既达到了说服的目的，又不伤和气，皆大欢喜。

▶ 树立一个共同目标，更能团结一致

春秋战国时，知识分子靠游说国君实现自己的治国梦想。苏秦想实现自己的合纵论。他先是来到了秦国，游说秦国兼并列国，称帝而治。秦惠王认为时机不成熟，未采纳他的建议。

随后，苏秦开始游说六国诸侯组织联合阵线抗秦。这次他从地缘利害出发。秦国在西方，在战国七雄中实力最强，其他六国土地南北相连接。苏秦每到一个诸侯国，就先向国君陈述该国的地缘环境形势，提醒他们真正的危险来自西方侧翼的秦国。而秦国的确具有凌驾六国之上的实力，这使得六国中的每个国家都不

敢与秦国单独媾和以求苟安一时，摆在他们面前的路只有一条：结盟。就这样，苏秦成功说服了六国国君，身佩六国相印，被任命为从约长。当他将合纵盟约送交秦国，秦国十五年不敢窥伺函谷关之外的诸侯国。

说服一个人，不过是缩小分歧，拉近自己与对方的距离，最终达到思想统一、认识统一的目的。而树立一个共同目标，无疑会将自己和对方置于同一立场，大家同仇敌忾，不自觉就统一了战线，统一了认识，此时对方是很容易认同你的。

1. 没有共同目标也要创造共同目标

这次集团选拔中层领导，赵经理原本有望再上一个台阶，却晋升失败了，他很有情绪。

夏总知道情况后，就对他说："我非常理解你的感受，你的能力我都看在眼里，这次很为你感到可惜。不过由于公司名额有限，这次你能获得提名已经说明了你的实力，我非常看好你，希望你能尽快调整过来。这次竞选失败，主要是因为某客户减少订单所致，如果我们能齐心协力解决这个问题，下次我们部门一定能让集团领导无话可说，到那时候升职就是水到渠成的事……"

夏总的鼓励使赵经理从沮丧的情绪中走了出来，他很快重振精神，以更大的热情投入工作中。

有人问马云如何留住员工？马云提到了共同目标。让管理者与员工为了一个共同目标去努力，这样员工就会明白一件事：工作不仅仅是为了一份薪酬，更是为了自己的目标，以及与团队同呼吸、共命运。有了这样的心理认知，员工的工作心态就完全不同了。

其实不仅是团队建设，生活中的很多方面都需要这种“组团”的行为：家庭的幸福和美，同事、朋友之间的和谐相处，与顾客的和谐共处等，最终都是为了“和”。当一切人际关系都和顺了，还需要再去说服别人吗？树立、创造一个共同目标，可以将所有力量集中到一个方向，使立场不同的人团结起来，为了一个共同的目标而奋斗！

2. 怎样寻找共同目标

寻找共同目标，可以从以下几方面入手。

（1）从对方焦虑的问题入手

可以就对方焦虑的问题表示出特殊的关心，令他对你产生好感，进而拉近彼此间的心理距离。例如，家长担心孩子放学后的安全问题，午托班招生老师就可从安全问题入手，罗列午托班的优势，说服家长把孩子送到自己的班里。

（2）找到对方不希望看到的那一面

也可以从对方的喜好入手，从中找到一个对方无法逾越的突破点，而后统一战线。例如，顾客希望全家人健康平安，保险推销员就可以从“一场重疾就能拖垮一个家”入手，说服顾客购买家庭重大疾病保险。

（3）从敌人的敌人入手

这里的“敌人”不一定是某个人，也可以是某件事、某个难题等，只要它能使你和被说服者产生共识，它就是你们的共同“敌人”。

敌人的敌人，就是自己的朋友。也可以试着抨击被说服者的“敌人”，与他站在同一战线，使他觉得你是自己人。在说服的过程中，要时时把握双方的共识，注意缩小与对方的心理距离。抓住这点，你就能让对方觉得你和他有相同的想法，进而缩小与对方的心理距离，达到说服的目的。

第十二章

多点人情味，别人更愿意跟你交流

交流不仅传播信息，还传播情感。会沟通的人往往更令人尊敬、受人拥护，因为他与别人进行信息交流的时候也进行了感情交流，令人感受到公平、平等、关怀等富有人情味的一面，因而更受欢迎。

▶ 与其单刀直入说重点，不如投入感情更好办事

松下电器的创始人松下幸之助有“经营之神”之称。有一次，他来到一家杂货店，店主是他的朋友。

店主一见到他就抱怨：“现在市场不景气，生意很难做，为什么你的生意越来越大？有什么诀窍吗？”

这时候，一个小男孩儿进来买灯泡，店主给他取了一个，在灯座上帮他试了一下，亮了，就交给他，然后收钱，小男孩儿就蹦蹦跳跳地走了。

松下幸之助问他：“你一直这样做生意吗？”

店主回答说：“是啊，有什么不妥吗？”

松下幸之助摇摇头说：“难怪……做生意还是要讲一些人情味的。小男孩买灯泡时，你为什么不跟他多聊几句？如‘小朋友上几年级了？长得真高呀！’给他拿灯泡的时候说：‘告诉妈妈，如果灯泡不好用，可以过来退换哦！’小男孩儿会将话带回去的，这样他们全家就知道你是一个热情的店主，下次还会来找你买电器。”

店主觉得松下幸之助说得好极了。

松下幸之助又补充道："那小男孩儿蹦蹦跳跳跑出去了，你为什么不提醒他走慢一些呢？这样万一灯泡摔坏，他家人就算不找你的麻烦，也会对你的商店留下不好的印象吧！"

店主这下彻底服了，难怪无论市场是否景气，松下幸之助都能赚钱。

生活中有一些人，觉得说话就是为了办事，没有事情的时候，也就不需要语言交流，所以没事也不与别人打交道。事实上，无论从口才的角度讲，还是从人际关系的角度讲，这对我们自己都是不利的。

俗话说："平时多烧香，急时有人帮。"口才也需要有这种"平时多烧香"的思维，有事没事与别人打打招呼，套套近乎，增进彼此的感情，这样在真正有事需要找别人的时候，至少彼此不会感到生分。如果平日关系处得好，遇到麻烦时，彼此的沟通也许只是一句话的事。

1. 不是所有人都喜欢开门见山

王女士的女儿最近要送幼儿园了，她下班太晚，没空接孩子。楼下有个邻居曾帮人带孩子，目前闲在家里没事，王女士便想付给对方一些报酬，让她帮自己接孩子。

王女士看到邻居，就问她："我最近要上班，没空接孩子，你能不能帮我接一下孩子？"

邻居愣了一下，说："我最近刚好找了一份工作，晚上6点才下班，没时间了。"

王女士离开后，邻居一脸不屑地对家人说："平常连个招呼都不打，现在让我帮她接孩子，真是莫名其妙！"

有的人喜欢快言快语，见到对方就从正面提出询问的问题、探讨的重点，双方很快进入正常沟通。熟人之间这样交流当然没关系了，但若大家并不熟，一上来就单刀直入，直说自己的目的，表现出很强的目的性，就会令人反感。

大多数时候，我们与人交流时，总要说一些看起来没什么用却又必不可少的寒暄语。即便是朋友之间，有时候也需要一些必要的客套。我们从这就能看出语言在传递情感方面的重要性。

2. 多向别人表达一些善意的关心

乔・吉拉德连续 12 年平均每天销售 6 辆汽车，这个纪录至今无人能破。他的成功经验有很多，其中一条就是对顾客无微不至的关心。

每认识一个新的顾客，乔・吉拉德都会花一点儿时间来了解他们，为他们建立档案。在档案中，他记下了有关顾客和潜在顾客的所有信息，包括年龄、嗜好、学历、文化背景、职务、成就、旅行过的地方、是否有孩子及其他与他们有关的事情。而这些事情，可以帮助他更好地与顾客进行交流，谈论对方感兴趣的话题。

在完成销售后，乔・吉拉德也没忘记顾客，仍然继续关心他们。他会每月为自己的所有客户寄去一张贺卡，上面写着不同的贺词，一月份祝贺新年，二月份纪念华盛顿诞辰日，三月份祝贺圣・帕特里克节……就这样，凡是与乔・吉拉德打过交道的人，都记住了他，当他们需要买汽车的时候，就会优先联系他。

其实不仅仅是推销，在任何情况下，我们若想要一个人喜欢我们、记住我们，最简单的方法便莫过于发自内心地关心他，时时通过语言或行动传达善意，使对方相信我们是喜欢他的。谁会拒绝一个对自己友善的人呢？在温暖和感动之余，对方就会对我们产生信任和好感，主动拉近与我们的距离。

3. 当你不了解情况时，至少要真诚

宋代诗人曾巩听说王安石文章写得很好，便主动上门拜访。王安石热情地接待了他。曾巩当时就拜读了王安石的文章，赞叹其文章果然名不虚传。然后，曾巩也坦诚地指出王安石文章的一些不足之处。

王安石听完曾巩的意见，便也很直白地说："我为人一向执拗，我这样写有我这样写的理由，不需要别人指点！"曾巩听到他的话不但没有生气，反而称赞王安石的坦诚。后来，两人经常往来，成为好朋友。

曾巩结交王安石时，首先放下了戒心，使自己以真诚的态度示人。王安石虽然刚愎自用，但对他也消除了戒备之心，坦荡真诚地说出了自己的想法，而这并没有影响两人成为朋友。

这就告诉我们，当你没有其他语言技巧取悦对方时，至少感情是真挚的，所说的每句话都是发自肺腑的。以真心换真心，同样能够起到交流情感的作用。

▶ 聊天不是要你讲道理，要多讲情面

卡耐基举办了一个高档宴会，宴会上的嘉宾非富即贵，名流云集。坐在卡耐基身边的先生讲了一则幽默故事，其中引用了一句话："无论我们怎样辛苦图谋，我们的结果却早已有一种冥冥中的力量把它布置好了。"他说这句话出自《圣经》。卡耐基马上意识到了

这位先生的错误。

卡耐基对他说：“这句话并非出自《圣经》，而出自莎士比亚的《哈姆雷特》。”

卡耐基的话不但没有使对方承认自己的错误，反而激起他更强烈的反对，他用近乎咆哮的声音说道：“不可能！这绝对不可能！的确出自《圣经》，不会有错的！”

卡耐基的老朋友葛孟这时发话了。他研究莎士比亚著作多年，对这个争论显然更有发言权。他笑着对卡耐基说：“卡耐基，是你错了。这位先生是对的，这句话的确出自《圣经》。”

事后，卡耐基问葛孟：“这句话明明出自《哈姆雷特》，你不是比我更清楚吗？”

葛孟回答说：“是出自《哈姆雷特》第五幕第二场。可是在这样一个宴会上，你为什么一定要证明是他错了呢？为什么不给他留些面子呢？争辩出是非对错很重要吗？我认为，应该避免跟别人正面起冲突。”

这件事给卡耐基留下深刻的印象。

如果你认为别人说的话或做的某件事不正确，不要当众直接告诉他正确的是什么。否则你就是在告诉他：你是个什么都不懂的学生，来听我这个老师给你好好讲讲什么是正确的。无论你是不是他的老师，这样高高在上的样子都会引起别人的反感。

聊天不是说教，也不是争吵，而是信息和情感的交流，一场气氛和谐的聊天，对话的双方都应该感到是公平和被尊重的，心情都应该是愉悦的。当你试图利用各种方法证明对方错误、自己正确的时候，就是你把一场聊天变成一场争吵的时候。

1. 不要试图证明对方的错误

聊天时，最具破坏力的一句话莫过于：你错了。它通常会带来一场争执，甚至有可能使朋友变成敌人。因为这句话的意思其实是说：我比你更聪明，现在让我告诉你正确的事，使你改变自己错误的看法。这无疑直接否定了对方的智慧和判断力，伤害了他的感情和自尊心，他绝不会给你好脸色。即便真的是他错了，为了维护自己的尊严和骄傲，他也不会向你承认错误。而且你越是试图证明自己的正确性，对方所感受到的羞辱也就越大，反抗也就越激烈。

正确的做法是，用一些技巧，使对方觉得他不知道的事情只是他不小心忘记了，而不是他根本不知道。

某公司的设计师拿出自己辛苦了一周的方案给总监过目。设计师认为这个方案天衣无缝，各方面都考虑得十分到位，他得意地想，这个方案一定能一遍通过。总监却不这么认为，相反，他觉得糟透了，可他并没有说方案不好，而是说："这个方案如果给上一个客户看的话，肯定能一次性通过。"换言之，他在赞美这个方案的时候巧妙地表达出它并不适合这次的服务对象。设计师立刻就听懂了他的言外之意，立即表示再研究研究客户的要求，重新设计方案。

由此可见，与其直截了当地指出别人的错误，不如委婉地让对方意识到自己的错误，然后加以改正，这样反而更能起到沟通的作用。

2. 不要毁掉聊天气氛，伤了彼此的感情

一对夫妻在讨论家具应该选择什么颜色。丈夫想要古木色，有

厚重感；妻子喜欢白色，认为干净、明亮。

丈夫便说："想要干净和明亮，勤打扫就行了。"

妻子不同意，说："清洁工作你参与过几次？不都是我在做？还是用白色，光线也更好。"

丈夫于是说："地板砖的颜色都是按照你的喜好布置的，家具颜色应该迁就我一下吧！"

妻子反驳道："地板砖的颜色与家具颜色是配套的，现在换一个颜色，整个装修不伦不类的。"

丈夫嘟囔着说："装修还不全是你的喜好，我说过什么没有？"

妻子有点上火了："那你现在抱怨什么？"

"我这不是想要古木色的家具，就这点要求而已，其余的都按照你的想法来……"

"咱客厅面积小，用白色家具显得亮堂、空间大。这么明显的道理你都看不出来？却一直计较谁的想法比较重要，绕来绕去，我还不是为这个家吗？我辛辛苦苦图什么？你还一直埋怨我管太多！男人的世界不是应该在外面吗？家里安置什么的这种琐碎活你就不用管了……"

妻子发了一通牢骚后摔门而出，丈夫彻底不说话了。

常言道："家不是一个讲理的地方。"很多夫妻的争吵都是从讲理开始的，一件小事的是非对错原本不重要，但争吵中却让两人对彼此的关系产生了怀疑：你引经据典试图证明我错误的样子，与人身攻击有什么区别？证明我错了，你很开心吗？你这么希望我出错，是为了什么？你心里到底还有没有我？……

讲道理伤感情，讲感情则没道理可言。道理与感情的逻辑，就是这样奇怪。生活的哲学不过是“难得糊涂”，当你试图证明孰是孰非的时候，真相其实已经不重要了。这个世界上，多的是比“谁错了”更重要的事，比如亲情、友情、爱情等人与人之间的真情。

“有时候你赢了，但其实你输了！”当你赢了口舌之争时，你可能已经输了形象，输了感情，输了朋友。待人处事是可以“据理”的，但不一定非要脸红脖子粗地“力争”，那些有立场、会讲道理、沟通方式温和的人，显然更受欢迎。

▶ 理直气不壮，得理要饶人

有一天，新来的同事拆快递时，不小心将客户寄给财务部的发票当垃圾扔掉了，负责此事的小张火冒三丈。她怒气冲冲地质问新同事，为什么要动她的快递。新同事意识到自己的错误，连忙道歉。

小张依旧很生气，她火气冲天地问：“你开始拆快递的时候，为什么不跟我打招呼？”

新同事惭愧地说：“我看大家都很忙，我的工作干完了，想着帮大家做一些力所能及的事，当时你刚好不在……”

小张气愤地说：“那我后来找发票的时候，你怎么不提醒我你已经扔了？害得我与客户争论了半天，对方拿出拍照证据，我根本无话可说！”

新同事惭愧地说：“当时我并不知道……要不我自己跟领导说吧，我承担所有责任！”

小张“哼”了一声说道：“你承担？你承担得起吗？”

新同事眼泪都快流出来了。其他同事看他们争不出结果，出来打圆场：“都是一个办公室的，别吵了。最重要的是现在怎么补救。”

大家也都附和着劝说他们，小张依然愤愤不平，将这事闹到了领导跟前。当领导得知小张平时会让新同事帮自己干一些拆快递之类的琐事时，把她批评了一通。小张越发觉得自己委屈，却也有口难言。

不讲理是不对的，但若对方已经知道错了，还硬要再讲理，就有点不近人情。当对方走投无路时，“求生”意志也会更强，可能就会不再顾及后果，把事情闹大，到那时你也未必能全身而退。所以说“理直要气和，得理要饶人”，赢了就行了，万万不可得理不饶人，痛打落水狗，小心狗急了跳墙。

1. 讲道理时要给别人留颜面

道理通常并不仅仅意味着是非，还包括人情。

人与人之间有不同的见解很正常，交流原本就是信息和情感的双重沟通，如果一遇到“孰是孰非”的问题就恼羞成怒，从博弈的角度来说，已经先在情绪上输了一成。即使胜利已经完全站在你这一边，对方已经理屈词穷，也不要不依不饶。如“我早就说过……”“我就说吧……”“这次说明白了，下次不知道还会不会……”虽然这样说能证明你是正确的一方，让你很解气，但会输了人品值，令人觉得你很小家子气。而且对方在尴尬难堪之余也许会恼羞成怒，即使他表面没有发作，内心也已经将你视作仇敌。

“水至清则无鱼，人至察则无徒。”是非分明是好事，但若只懂得是非分明而不懂得人情往来，对错分得很清楚，待人处事咄咄逼人，就不会站在对方的立场考虑问题。长此以往，必将树敌无数。反之，若能照顾到别人的尊严，点到为止，见好就收，自己不但没有任何损失，对方还会感激你，认为你是一个“大度有格局”的人，更能对你产生信任和认同。

2. 讲道理时要顾及彼此情分

中国人讲究圆满，一件事情顺利解决，我们会说获得了“圆满成功”“圆满解决”，而不是说事情“进展顺利”。因为“圆满”是没有任何缺陷和漏洞的，方方面面都感到满意，这个结果显然比对错更重要。

所以，一场和谐的聊天，绝不仅仅是孰是孰非的问题，而是大家是否都开心的问题，尤其是熟人之间的聊天。当你为了解气，在言语上丝毫不给朋友台阶下，虽然己方大获全胜，却也将朋友得罪了。当朋友意识到你把这场输赢看得比你们的友情还重要时，他将慢慢疏远你。

不仅仅是友情，当爱情、亲情、乡情、同事情等很多人类最宝贵的情义，全部败在你一时的口舌之快上时，你最后也就只剩下口舌了，彼此的情义已经在你的出言不逊中全部消耗掉了。

《红楼梦》中的晴雯，得理不饶人，抓住对方的短处便想来一场暴风骤雨式的彻底清算，妄图让别人知道她的厉害，让对方长长记性，甚至逼得好脾气的贾宝玉也大发雷霆。所以在她死后，贾宝玉会难过，但也只是难过而已。

其实，我们都知道，晴雯只是嘴刁心软。也许理直气壮的晴雯到死都不明白：为什么好人没好报！著名作家苏芩也许会对她说：“有时候，做人做事，即便理直，也不要气壮。既然已经吃了亏，那就索性让这亏吃得更有价值。给别人的脚下垫一级台阶，你会看到世界对你双倍的赞赏！”

▶ 换位思考，站在对方立场说话

越南战争结束后，一个美国男子打电话告诉父母：“我回来了。我想带一个朋友跟我一起回家，你们愿意认识他吗？”

父母欣然同意。

男子接着说：“不过我得给你们说明白。我这位朋友在战争中受了点伤，少了一条胳膊和一条腿。他现在走投无路，我想把他接回我们家，跟我们一起生活。”

他的父母这下坚决反对。父亲劝他说：“不是我不近人情，可像他这样的残障人士会给我们的生活带来许多麻烦。我们还有自己的生活，不能被他破坏了。我们建议你先回家，然后忘了他，他会有属于自己的人生。”

儿子听到这就挂了电话，他的父母再也没能打通他的电话。不久之后，他们接到警局的电话，被告知儿子已经跳楼身亡。伤心的父母去认领儿子尸体的时候才发现，他们的儿子只有一条胳膊和一条腿。

俗话说：“要想公道，打个颠倒。”当我们与别人的交流遇到障碍时，如果能设身处地地从对方的立场考虑问题，就更能深刻地理解对方的一言一行，不再简单地以自己的心态看待问题，更不会己所不欲，“硬”施于人。

1. 让别人觉得你是“为他好”

卡耐基在成名之前，常租用旅馆的礼堂讲课，他的课程吸引了很多企业的中高层管理人员前来旁听。

有一次，旅馆经理突然通知卡耐基，他要将礼堂的租金提高三倍。卡耐基连忙赶过去交涉。

卡耐基对经理说：“我来不是与你争吵的，我理解你上调租金的做法，如果我是你，我也会这么做的。作为经营者，显然你想给旅馆带来更多利润。不过，让我来跟你算一笔账。”

卡耐基拿出笔和纸，详细列出了旅馆在礼堂方面的开销和收入，然后对经理说：“我不得不承认，如果你将礼堂收回，用来举办舞会或其他晚会，收入比现在更高。不过，你忘了一点：来听我课的都是企业的中高层管理人员，你用高价将我赶走，就相当于赶走了他们。而这些管理者是你花再多钱也买不来的活广告，你不能为了表面利益而忽视了他们带给你的潜在利润啊！”

旅馆经理听完卡耐基的话，感觉很有道理，同意继续租给他讲课是一笔更划算的买卖，便取消了涨租的决定。

在这个故事中，卡耐基并没有长篇大论地讲道理，也没有与旅馆经理发生争执，只是站在对方的立场上算了一笔合情合理的账，解决了经理最关心的利益问题，便使对方改变了主意。

人与人的交往，不一定都能通过算账的方式弄清利益得失。除了利益，如果我们能为别人带来快乐、想法、建议，使对方真切地感受到我们是“为他好”，他还会拒绝我们所说的话吗？自然不会。

2. 让别人感到你是体谅他的

小杜做的方案被客户否定了，老板劈头盖脸对他一顿臭骂：“你设计的是什么玩意儿？还不赶紧按照客户的要求重新改改，再改不好你就别干了！”

“不干就不干！好像谁喜欢这工作一样！”小杜气呼呼地走出了老板办公室。

部门经理见状，走到小杜的办公桌前温和地说：“客户很难伺候吧？咱这一行就这样，不开心了发泄一下也好。我知道设计这个工作，不改个十来遍客户都觉得你没干活。不过，既然干了这一行，除了让自己适应规则还能怎样呢？只能把自己打磨成行业精英，让客户求着我们为他们设计，那时候日子就好过了。你好好放松一下，然后再仔细研究研究客户的要求，再给客户改改吧！”

部门经理的话让小杜感到心里舒服多了，便着手再次修改。

沟通时，如果不考虑对方的心情和处境，只是简单粗暴地传达自己的命令，反而会起到相反的效果。部门经理从小杜的角度出发，首先肯定设计师工作难做，认可他的不爽，然后从设计师的远景出发，提出打磨自己的建议，小杜便欣然接受了。由此可见，从对方的立场出发，考虑对方的处境，会更容易被人接受和认可，谈话效果显然也会更好。

3. 真诚相待，让别人对你产生信任

一位中年妇女抱着一个婴儿走进一家鞋店，在柜台边四处打量，还不时摸摸柜台上的皮鞋。当她拿起其中一双皮鞋的时候，营业员走上前问她：“您是平常穿还是上班穿？如果平常穿的话，我建议您试试这一双，比较轻便柔软，带孩子也不累；如果上班穿，可试试这一双，更有型。”这位中年妇女原本只是进鞋店转转，并没有

买鞋的打算，听了她的话，便多留意了一番，后来就买了一双鞋回去。

换位思考，可试试角色扮演，假设自己是对方，然后思考一下自己接下来会做出什么举动。这位营业员的高明之处在于，以对方的利益为出发点，拿出两双符合其身份的鞋，每双鞋可在不同的场合发挥作用，满足了顾客的不同需要。由此拉近了她和顾客的距离，使顾客感到她在为自己着想，从而很容易就接受了她，促成了销售。

总之，换位思考、站在对方的立场讲话，设身处地地为他人着想，往往更能打动对方，也更容易被对方接受和认可。这是一种处理人际关系的有效思考方式，也是人与人互相理解、信任、和谐沟通的基础，我们要多站在别人的角度上思考问题。

▶ 善用批评，有时更受欢迎

有人给唐太宗送了一只鸟，唐太宗很喜欢，一有机会就逗它。有一次，唐太宗正在逗鸟，远远看见魏徵走过来，赶忙将鸟藏进了怀里。魏徵以直言敢谏著称，唐太宗一方面很敬重他，另一方面也有些担心他看到自己逗鸟又要上谏什么难听话，就将鸟藏了起来。

魏徵其实早就看到唐太宗在逗鸟，但他故意装作不知道，与唐太宗东拉西扯，说了很久。等魏徵一离开，唐太宗连忙将鸟放了出来，却发现鸟已经被闷死了。唐太宗这才明白，魏徵明明没什么事却东拉西扯说那么多，其实是在上“无言的谏言”。

在唐太宗面前，魏徵多次直言不讳，前后上谏两百多次，唐太宗全部接受。魏徵病死时，唐太宗非常伤心，废朝五天，为其灵柩亲自刻书碑文，并召文武百官出城相送其灵柩。在凌烟阁二十四功臣像中，魏徵位列第三。

批评，在口才应用中比较微妙，如果用得好，就不会得罪人。正所谓“打是亲，骂是爱”，我们不但不会排斥善意的批评，还会心甘情愿地接受，因为我们知道对方是真正关心我们的。当然，这需要技巧，你既要让别人知道你的善意，还要让他体会到你的良苦用心。

1. 先褒奖，再批评

战国时期，魏文侯将夺得的中山国封给自己的儿子，没有给自己的弟弟。大臣任座当面指责他不是仁君，引得魏文侯暴怒，任座吓得退回殿外。另一位大臣翟璜连忙说：“陛下真是仁君呀！如果您不是仁君，朝堂怎么会有敢于直言的臣子呢？任座心直口快，还不是因为您的大度吗？”一席话说得魏文侯转怒为喜，他请人将任座叫回来，并亲自下堂迎接。

翟璜的话表面上是在恭维魏文侯，其实也是在批评他。因为，一旦魏文侯同意任座心直口快的说法，就说明任座讲的是真话，自己的做法欠妥。不过翟璜的说辞却让魏文侯觉得，并非臣子不敬，任座当面直谏恰恰说明了君王的大度，因而欣然接受。

两种不同的批评方式，收到了截然不同的效果，这就是先褒奖再批评的作用。

一般批评的话都不会很入耳，若能在批评的外面裹一层“糖衣”，先夸奖对方一番，让他在开心之余顺便吃下批评这剂“良药”，就会容易接受得多。相反，如果一开始就上纲上线地批评对方，其效果如同对小孩子强行“灌药”，现场是惨烈的，后果是严重的——

当对方的能量增大到与你旗鼓相当时，批评就会招致对方的驳斥，你的好意将变成“驴肝肺”。

2. 启发式批评

有的妈妈懂得照顾孩子的尊严，在孩子犯了错误之后，不会直接批评他，而会先给他讲一个小故事，而故事中总有一个做错事的小动物或小朋友。讲完后，妈妈就会询问孩子：“这个小动物（或小朋友）错在哪儿了？”孩子在妈妈的引导下，自然会去批评故事中的小动物（或小朋友）的错误行为，然后从中悟到自己的错误。这种启发式教育，既能起到批评的作用，又不使孩子感到难堪，而且生动形象，孩子会很容易接受。

成年人的世界仍然需要“启发式教育”。当直接批评会伤害对方感情时，不妨通过旁敲侧击、由此及彼或者不点名式指责等方式来提醒对方。

比如领导批评迟到的员工，不提他的名字，只在大会上说：“有的员工经常迟到……”

老师发现同学不认真听课，不直接批评他，而把他叫起来回答问题。

上司批评做错事的下属，一些下属重点批评，一些不便直接批评的下属则给予“敲山震虎”式警告。

…………

启发式批评如果运用得当，可避免给对方造成精神压力，化消极因素为积极因素，从而起到激励对方的作用。

3. 善意的批评，友善地讲

善意的批评是对人真正的关爱。当别人对自己的缺点和不足觉察不到时，善意的批评能帮助他及时纠正自己的错误，防止问题的进一步扩大。——即使如此，别人可能依然反感你的批评。

这时候首先要自我反省：我是不是用了侮辱或贬低性语言？是不是有藐视对方的意思？我是否犯了“对人不对事”的毛病？我是否有攻击对方的情形？

通常，善意的批评招来愤怒，原因不外乎这几种。这时候，就要学会友善地批评，注意事项如下。

（1）不要以任何方式攻击、侮辱他人

可用积极正面的口吻这样说：“如果你能……我觉得会更好/更棒。”这样别人更能以积极的心态来接受批评，进行改进。

（2）要对事不对人

不要针对对方本身，而要针对具体的行为或事情提出建议。如不说“你文笔太烂了”，而是说：“这个地方用名词指代比用形容词描述更传神。”或者其他具体建议。

（3）不要直接说“你错了”

最好先帮对方强调一下客观原因，充分照顾他的自尊心，让对方感到被尊重，再在此基础上提出改进建议。自己不要有好为人师的优越感。

4. 宽容比批评更重要

古人曰：“人非圣贤，孰能无过。过而能改，善莫大焉。”这就是说，不管别人因何动机而犯错，该批评时要批评，但要怀着一颗宽容的心，注意照顾他人的情绪和尊严，注意选择批评的场合、时机、轻重等，给对方留点“面子”。千万不要将别人批评得“体无完肤”，使其丧失自信或心生抱怨，失去人情味，这就得不偿失了。